이강환 선생님이 들려주는
응답하라 외계생명체

이강환 선생님이 들려주는 응답하라 외계생명체

초판 1쇄 펴낸날 2019년 6월 17일
초판 4쇄 펴낸날 2021년 9월 30일

지은이 | 이강환
그린이 | 홍성지
펴낸이 | 홍지연
펴낸곳 | ㈜우리학교

편집 | 김영숙 고영완 소이언 정아름 김선현
디자인 | 남희정 박태연
마케팅 | 강점원 최은
관리 | 정상희
인쇄 | 스크린그래픽

등록 | 제313-2009-26호(2009년 1월 5일)
주소 | 03992 서울시 마포구 동교로23길 32 2층
전화 | 02-6012-6094
팩스 | 02-6012-6092
홈페이지 | www.woorischool.co..kr
이메일 | woorischool@naver.com

ISBN 979-11-87050-95-7 73440

- 책값은 뒤표지에 적혀 있습니다.
- 잘못된 책은 구입한 곳에서 바꾸어 드립니다.
- 본문에 포함된 사진 및 그림 등은 가능한 한 저작권과 출처 확인 과정을 거쳤습니다. 그 외 저작권에 관한 사항은 ㈜우리학교로 연락 주시기 바랍니다.

어린이 과학 크로스 인문학

이강환 선생님이 들려주는
응답하라 외계생명체

글 이강환 | 그림 홍성지

우리학교

우주를 건너 외계생명체를 만나게 된다면 우리, 어떤 인사를 나눌까요?

우주에는 정말 우리밖에 없을까요? 인류는 오랫동안 지구가 우주의 중심이라고 여겨 왔어요. 모든 것은 지구를 중심으로 돈다고 믿었기 때문에 지구 말고 다른 세계가 있을 수 있다는 생각을 할 수가 없었죠.

1600년에 이탈리아의 사제 조르다노 브루노는 지구가 태양의 주위를 돌고 있고, 밤하늘의 별들은 또 다른 태양으로 지구와 같은 행성을 거느리고 있으며, 그 행성들엔 지구처럼 생명이 숨 쉬고 있다고 주장했어요. 그러다 종교 재판을 받고 화형에 처해졌죠. 겨우 400년 전의 일이랍니다.

하지만 과학이 발달하면서 브루노의 주장은 하나씩 사실로 밝혀졌어요. 이제 우리는 지구가 태양의 주위를 돌고 있고, 태양은 우리 은하에 있는 수많은 별 중 하나일 뿐이고, 별들은 대부분 지구와 같은 행성을 거느리고 있다는 사실을 누구나 알아요. 그렇다면 그 행성들에도 지구처럼 생명이 살아 숨 쉬고 있을까요?

아직 그 답을 알아내진 못했지만 이 역시 사실로 밝혀질 거라 생각합니다. 왜냐면 우리가 살아가는 지구가 우주에서 전혀 특별한 곳이 아니라는 사실을 잘 알게 되었기 때문이죠. 우주에서 우리의 위치가 특별할 것이 전혀 없다는 사실을 점점 깊이 깨달을수록 우주에 우리밖에 없을 리가 없다는 확신은 점점 깊어지고 있어요.

<창백한 푸른 점>이라는 별명을 가진 사진이 있어요. 태양계 탐사를 끝내고 먼 우주로 나아가던 보이저 1호가 명왕성 정도의 거리에서 지구를 찍은 사진이죠. 이 사진에서 지구는 혹시 카메라에 묻은 먼지가 아닌지 여러 번 확인했을 만큼 너무나 작고 희미합니다.

저 작은 한 점은 46억 년 전 태양과 함께 별 먼지에서 만들어졌어요. 우리가 알고 있는 생명과 인류의 모든 역사가 은하계 끄트머리에 있는 태양계를 떠도는 저 먼지와 같은 작은 한 점 위에서 이루어진 거예요.

별과 우주가 제공한 원료로 만들어진 우리 인류는, 이제 별과 우주를 바라보며 '이 우주에 과연 우리밖에 없을까?'라는 의문을 품고 있어요. 그리고 과학자들은 이미 진지하게 외계생명체에 관한 연구를 하고 있습니다.

우주만큼이나 극한 환경에서 살아가는 지구생명체를 연구하고, 지구와 비슷한 환경을 가진 외계행성을 찾아내고, 외계지적생명체가 존재할 가능성을 계산하며 그들과 소통할 방법을 과학적으로 탐구하고 있죠.

사실 외계생명체는 SF 영화나 소설의 단골 소재고, UFO를 진짜로 믿는 사람들도 있죠. 그러나 그냥 믿고 싶은 대로 믿어버리면 우리는 어디에도 갈 수 없어요. 상상력을 활짝 펼치는 것은 좋지만 과학적인 사실에 바탕을 두지 않은 생각은 오히려 더 좁고 빈약한 틀에 갇혀 버리고 말지요.

그러니까 이제부터는 과학과 함께 우주를 건너 어딘가 존재할 외계생명체를 마음껏 상상해 봅시다. 외계생명체의 존재를 확인하는 날이 언제가 될지는 모르지만 아마도 인류 역사에서 가장 중요한 사건 중 하나가 될 게 틀림없어요. 어쩌면 우리는 지구 이외의 생명체를 만나는 최초의 인류가 될지도 몰라요.

우리는 과연 어떤 외계생명체를 만나게 될까요? 외계생명체가 지구를 멸망시키면 어떡하냐고요? 놀랍게도 과학자들은 이 질문에 대한 답도 갖고 있어요. 외계생명체를 만나면 어떻게 자기소개를 할지도 이미 다 준비해 놓았답니다. 여러분도 이 책을 읽으며 외계생명체를 처음 만나게 되면 어떤 인사를 건넬지 한번 상상해 볼까요?

2019년 초여름

이강환

① 어느 날 학교 앞에서 외계생명체를 만난다면 ••• 11

안녕, 우주! 안녕, 외계인! | 외계생명체를 찾아 떠나는 과학 여행

② 응답하라 외계생명체 ••• 19

이 넓은 우주에 정말 우리만 존재할까? | 빅뱅, 우주를 구성하는 물질을 만들어 내다 | 별과 태양계의 탄생 | 언제든 어느 곳이든 생명은 태어날 수 있다

③ 우주생물학이 밝혀낸 비밀 ••• 37

지구를 탐험하는 우주생물학자 | 최초의 생명체는 어떻게 탄생했을까? | 아무리 독한 환경에서도 살아남는 극한 미생물 | 생명체가 살 수 있는 최소한의 조건, 액체

④ 지구생명체와 외계생명체의 공통점과 차이점 ••• 55

우주에는 생각보다 '물'이 흔하다 | 지구생명체의 핵심 성분 vs 외계생명체의 핵심 성분 | 지능을 가진 외계생명체는 어떻게 생겼을까? | 우주에 지적생명체가 존재할 확률 계산법

5 워프 드라이브, 웜홀 그리고 지구 정복 ••• 73

놀랍도록 머나먼 별 사이의 거리와 무섭도록 텅 빈 공간 | 빛의 속도로 우주를 여행하는 데 걸리는 시간은? | 워프 드라이브와 웜홀 | UFO는 정말 존재할까?

6 붉은 행성 화성에서 생명체 탐색하기 ••• 89

화성에는 화성인이 살고 있을까? | 화성에서 발견한 둥글게 깎인 자갈과 조약돌 | 중대 발표 : 화성에는 액체 상태의 물이 흐르고 있다! | 화성 탐사는 계속된다

7 제2의 지구, 외계행성을 찾아라 ••• 105

우주에서 다른 행성을 찾을 수 있을까? | 외계행성을 찾는 여러 가지 방법 | 지구를 닮은 외계행성들 | 우리나라는 외계행성 발견의 강국

8 외계지적생명체를 찾아 떠나는 과학 여행 ••• 123

찾기만 하지 말고 신호를 받아 볼까? | 외계생명체를 찾는 천문학자의 방정식 | 지구의 소중함을 돌아보게 만드는 세티 프로젝트 | 미지의 세계로 우주 돛단배를 쏘아 올리다 | 우리도 우주의 외계생명체 중 하나

1

어느 날 학교 앞에서 외계생명체를 만난다면

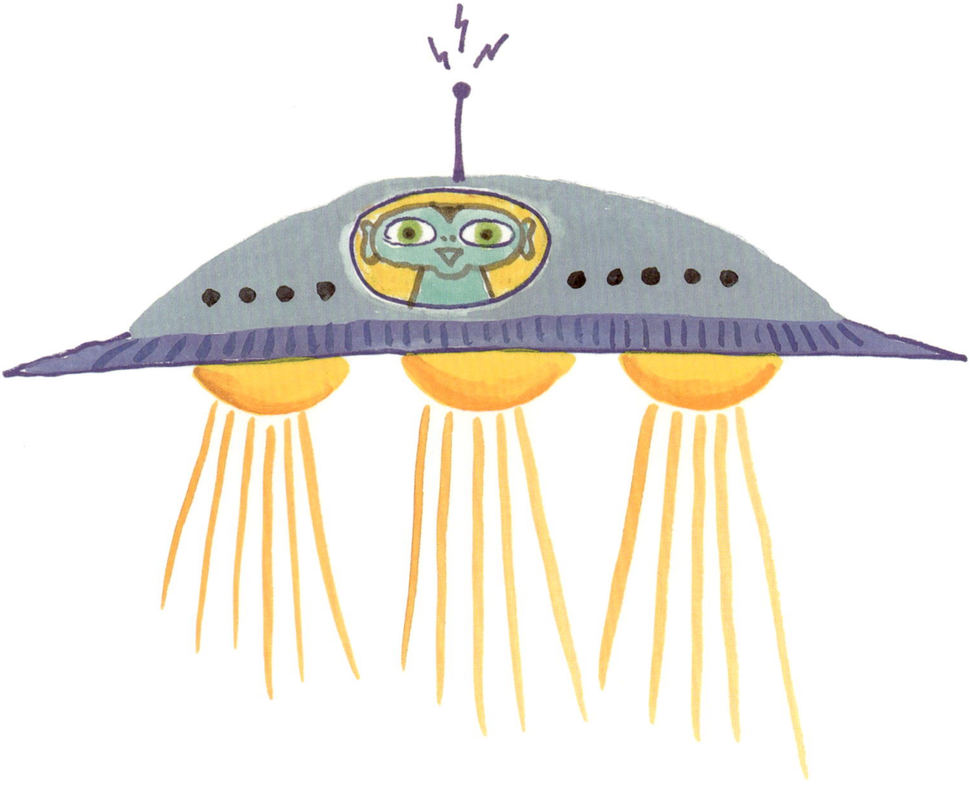

안녕, 우주! 안녕, 외계인!

우리는 지구라는 둥근 행성 위에 살아요. 움직이지 않는 것처럼 느껴지는 내 발밑이 사실은 엄청난 속도로 자전하면서 태양 주위를 공전하는 행성이라니, 참 신기하지 않나요? '별과 은하는 어떻게 만들어졌을까?' '우주의 끝에는 뭐가 있을까?' '나도 우주에 나가 볼 수 있을까?' 이처럼 누구나 가끔은 하늘을 올려다보며 우주에 대해 생각하죠.

천문학자들은 가끔이 아니라 매일 매 순간 우주를 생각합니다. 천문학은 인류의 가장 오래된 질문인 우주에 대한 궁금증을 연구하는 과학이에요. 저를 만난 사람들은 대부분 생전 처음 천문학자를 만나게 된 거랍니다. 혹시 저를 만나기 전에 다른 천문학자를 만났다면, 저는 아마 그 천문학자와 잘 아는 사이일 거예요. 그만큼 세상에 천문학자는 별로 많지 않아요. 그럼 이렇게 희귀한 만남에

서 사람들은 저에게 무엇을 물을까요?

"날씨가 어떨 것 같아요?"라고 묻는 사람들이 꼭 있어요. 날씨는 천문학자가 아닌 기상학자에게 물어야 해요. 날씨 말고 물어보는 게 하나 더 있죠. 좀 망설이다가 "저, UFO가……." "혹시 외계인이……." 이렇게 말을 꺼내 놓고는 괜히 말끝을 흐립니다. 궁금하기는 한데 대놓고 묻는 게 왠지 민망한가 봐요. 우주에 관해서라면 빅뱅이나 우주 팽창처럼 뭔가 그럴듯한 이야기를 해야 할 것 같나요? 하지만 아무리 빅뱅이나 우주 팽창이 멋있어 보여도 역시 가장 궁금한 건 외계인 이야기죠.

우주 어딘가에 인간처럼 지능을 가진 존재가 살고 있을지, 혹시 그들이 지구를 침략하진 않을지, 어느 날 우연히 학교 앞에서 외계인을 마주치진 않을지 궁금해하는 마음은 아주 당연하고 자연스러운 거예요. 게다가 천문학은 원래 이런 질문에 답을 찾는 과학입니다. 외계행성을 찾아내는 일이 요즘 천문학의 중요한 연구 과제인 것만 봐도 알 수 있어요.

저는 천문학자로서 여러분에게 제대로 된 외계생명체 이야기를 들려주려 해요. 외계생명체는 지구가 아닌 다른 곳에 사는 생명체를 가리키는 말이죠. 흔히 외계인이라는 표현을 많이 쓰지만 생명체가 사람만 있는 건 아니니까 외계생명체가 더 정확한 표현이라고 할 수 있어요.

우리가 외계생명체를 가장 자주 보는 곳은 영화나 드라마일 거예요. 물론 실제로 외계생명체를 보았다고 주장하는 사람들도 있지만 검증이 가능한 증거를 제시한 사람은 아직 아무도 없어요. 외계생명체라고 하면 UFO를 떠올리는 사람들도 많지만 이것도 역시 말 그대로 확인되지 않은 비행 물체일 뿐이지 외계생명체와 관련이 있다는 증거는 어디에도 없어요. 그러니 비밀 장소에 보관된 외계인 시체처럼 얼토당토않은 이야기는 이 책을 읽을 동안 떠올리면 안 돼요. 대신 우주망

원경이 발견한 제2의 지구처럼 수많은 관측과 과학적인 연구를 통해 찾아낸 놀랍고도 새로운 이야기에 귀를 기울여 봅시다. 외계생명체를 만나고 싶다는 솔직한 호기심을 쫓아 우주를 여행하다 보면, 천문학이 지금껏 밝혀낸 우주의 비밀을 엿보는 특별한 경험을 할 수 있답니다.

외계생명체를 찾아 떠나는 과학 여행

 이제 진지하게 외계생명체에 대한 질문을 던져 볼게요. 우리는 외계생명체를 만날 수 있을까요, 없을까요? 외계생명체를 만나려면 우선 외계생명체가 우주 어딘가에 존재해야겠죠? 그렇다면 외계생명체는 존재할까요, 존재하지 않을까요? 잘 만든 영화나 드라마를 보면 정말로 외계생명체가 우주 어딘가에 살고 있을 것만 같다고요?
 우주는 너무나 넓은 곳이기 때문에 외계생명체가 없으라는 법도 없죠. 사실 외계생명체가 있는지 없는지에 대한 과학자들의 의견은 거의 일치하

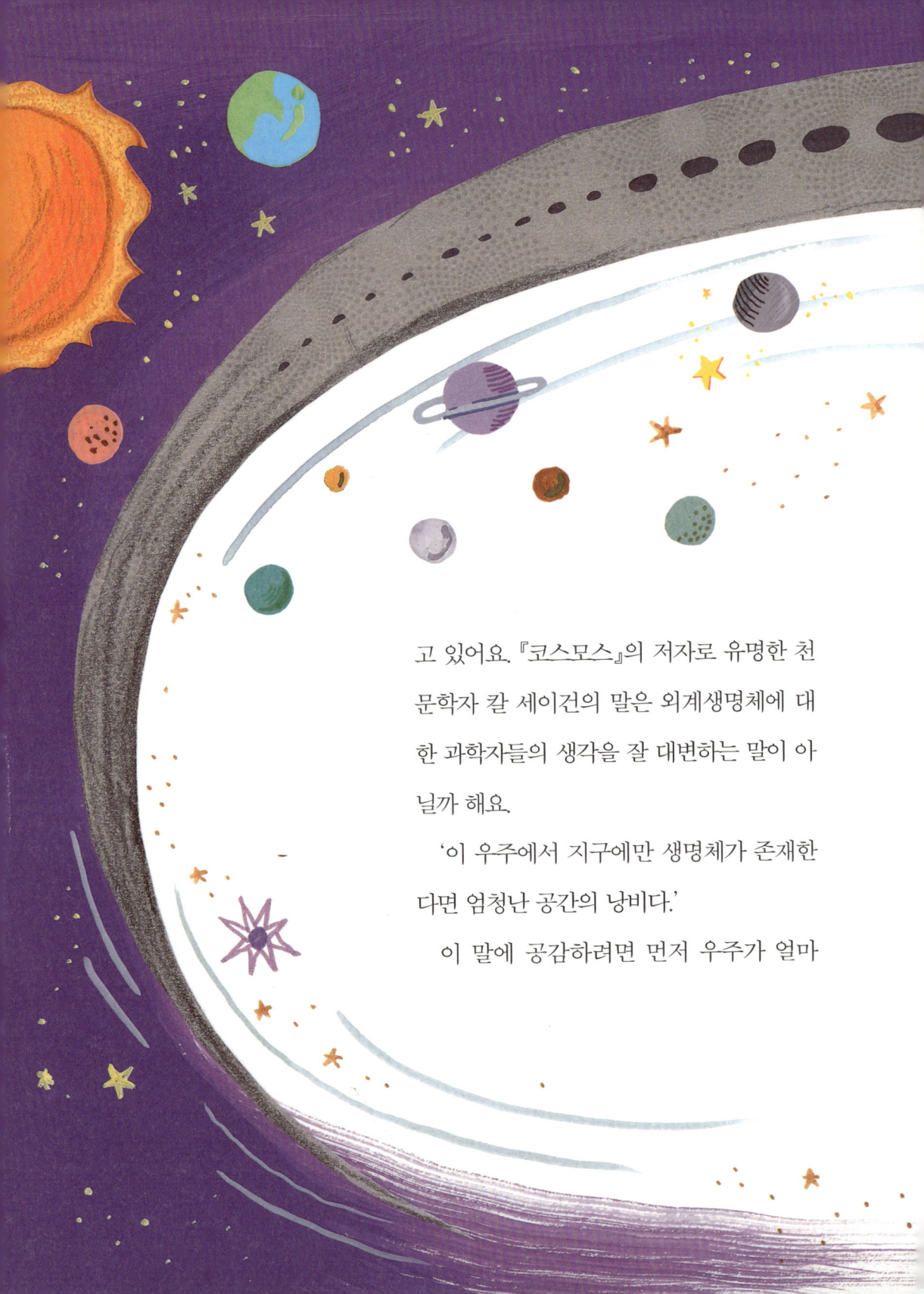

고 있어요. 『코스모스』의 저자로 유명한 천문학자 칼 세이건의 말은 외계생명체에 대한 과학자들의 생각을 잘 대변하는 말이 아닐까 해요.

'이 우주에서 지구에만 생명체가 존재한다면 엄청난 공간의 낭비다.'

이 말에 공감하려면 먼저 우주가 얼마

나 넓은지부터 알아야 한답니다. 그래야 우주 공간이 어느 정도나 낭비되는지 가늠할 수 있고, 외계생명체가 어떤 모습으로 어떻게 존재할지 과학적으로 추론할 수도 있거든요. 외계생명체를 만나려면 우선 우주적 규모에 익숙해져야 하는 거죠. 그러기 위해 저와 함께 지구 밖으로 나가 볼까요?

응답하라 외계생명체

이 넓은 우주에 정말 우리만 존재할까?

우주가 엄청나게 넓다는 이야기는 많이 들었을 거예요. 과연 얼마나 넓은 걸까요? 먼저 옆에 있는 우리 은하의 모습을 한번 보세요.

이건 사진이 아니라 그림이에요. 우리는 은하 안에 있기 때문에 은하 전체의 모습을 볼 수가 없어요. 숲속에서 숲 전체의 모습을 볼 수 없는 것과 마찬가지예요. 하지만 천문학자들이 열심히 관측하고 연구해서 우리 은하 전체의 모습이 어떻게 생겼는지 알아냈어요.

그림처럼 우리 은하는 중심부에 많은 별이 모여 막대 모양을 이루고 있고, 나선 모양의 팔을 가지고 있어요. 이런 은하를 막대나선은하라고 해요. 중심에서 한쪽 끝까지의 거리는 약 5만 광년이고, 태양은 중심에서 3만 광년 정도 떨어진 나선 팔에 있죠. 우리 은하를 옆에서 보면 납작한 모습으로 보이는데 밤하늘에

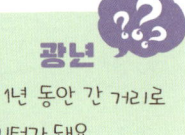

광년
1광년은 빛이 1년 동안 간 거리로 약 10조 킬로미터가 돼요.

보이는 은하수가 바로 그 모습이에요. 도시의 밤이 지금처럼 밝지 않았던 옛날에는 맨눈으로 수천 개의 별과 은하수를 볼 수 있었죠. 은하수는 띠 모양의 별 무리가 마치 은빛 강이 흐르는 것처럼 보인다고 해서 붙여진 이름이랍니다.

 그림 속 점들은 모두 별이에요. 별은 달이나 지구와 달리 태양처럼 스스로 타서 빛을 내는 천체를 말해요. 우리 은하에는 이런 별이 최소 1000억 개 정도가 있어요. 여기서 잠깐 우주가 얼마나 넓은지 감을 잡을 수 있도록 간단한 계산을 해 볼까요? 단지 숫자가 좀 클 뿐이지 곱셈과 나눗셈만 할 수 있다면 누구나 할 수 있는 간단한 계산이니까 겁먹을 필요는 전혀 없어요.

우리나라는 화폐 단위가 커서 수십 조, 수백 조도 쉽게 말하니까 1000억 원이 그렇게 어마어마한 돈으로 느껴지지 않아요. 하지만 1000억은 생각보다 큰 숫자랍니다. 잠이 오지 않는 밤, 누워서 우리 은하에 있는 별을 한번 다 세어 본다면 어떨까요? 사람에 따라 세는 속도는 다르겠지만 간단히 1초에 하나씩 별을 센다고 해 봐요. 1000억 개를 세기 위해서는 당연히 1000억 초가 걸리죠. 도대체 1000억 초는 어느 정도 되는 시간일까요?

1분이 60초이고 1시간은 60분이니까 1시간은 60×60=3,600초가 됩니다. 하루는 24시간이니까 24×3,600=86,400초가 되고, 다시 1년은 365일이니까 86,400×365=31,536,000초가 되죠. 1년이 31,536,000초니까 1000억 초가 몇 년이 되는지 계산하려면 이 둘을 나누면 됩니다.

100,000,000,000÷31,536,000=3,171이니까 우리 은하에 있는 별을 1초에 하나씩 모두 센다면 3000년이 넘는 시간이 걸릴 거예요. 1000억이라는 숫자가 생각보다 크죠? 그런데 우리가 지금 센 것은 우리 은하에 있는 별일 뿐이에요. 우주에는 우리 은하만 있는 것이 아니죠.

이번에는 그림이 아니라 진짜 사진을 볼게요. 이 사진의 이름은 〈허블 익스트림 딥 필드〉예요. 허블 우주망원경으로 찍었고 지금까지 우리가 볼

수 있는 가장 멀리 있는 은하들의 모습이죠.

사진에 보이는 빛은 모두 별이 아니라 은하들이에요. 저 작은 점 하나에 약 1000억 개의 별이 모여 있어요. 이 사진에는 이런 은하가 약 5500개나 찍혀 있어요. 그런데 이 사진이 하늘에서 차지하는 영역은 우리 손톱보다도 작은 영역이랍니다. 그곳에만 은하들이 모여 있을 리는 없으니까, 하늘 전체에 이런 은하들이 고르게 퍼져 있다면 우주에는 최소 1000억 개의 은하가 있다는 계산이 나와요.

1000억 개의 별을 가진 은하가 1000억 개 있다면 우주에 있는 별의 수는 얼마나 될까요? 1000억에 1000억을 곱하면 1 뒤에 0이 22개나 붙는 어마어마한 숫자가 된답니다. 이건 가장 최솟값을 계산한 것이니 실제로는 이보다 훨씬 더 많아요.

이건 태양처럼 스스로 빛을 내는 별의 수만 계산한 거예요. 태양은 지구를 포함해 8개의 행성과 위성, 소행성과 같이 작은 천체들이 무수히 많이 자신의 주위를 돌고 있는 태양계를 거느리고 있어요. 당연히 다른 별의 주위에도 이런 천체들이 있을 거예요. 이들의 숫자는 별의 개수보다 훨씬 더 많겠죠. 그러니까 우주에는 지구 말고도 외계생명체가 존재할 수 있는 너무나 많은 세계가 존재한답니다.

빅뱅, 우주를 구성하는 물질을 만들어 내다

500년 전만 하더라도 인류는 지구가 우주의 중심이라고 생각했어요. 그런데 알고 보니 지구는 태양계의 중심이 아니고, 태양은 우리 은하의 중심이 아니고, 우리 은하도 우주의 중심이 아니었죠. 우주에는 중심이라는 것 자체가 존재하지 않아요. 우주에서 지구의 위치는 전혀 특별하지 않죠.

지구에 에너지를 공급해 주는 태양도 특별한 별이 아니에요. 그저 평범

한 별이죠. 하지만 태양이 지구 가까이에 있어 우리는 별을 깊이 연구하고 이해할 수 있답니다. 천문학자들은 빛을 분해하는 분광 관측으로 멀리 있는 별이 어떤 성분으로 구성되었는지 알아낼 수 있어요. 그 결과 태양계의 구성 성분은 다른 은하와 별의 구성 성분과 기본적으로 전혀 다르지 않다는 걸 밝혀냈어요. 우주를 구성하고 있는 물질들이 어떻게 만들어졌는지를 알면 당연한 결과죠.

 우리 우주는 지금부터 138억 년 전 빅뱅으로 태어났어요. 그리고 바로 다음, 우주에 존재하는 모든 물질의 원료가 되는 쿼크와 전자가 탄생했어요. 곧이어 세 개의 쿼크가 모여 양성자와 중성자가 만들어졌어요. 두 개의 업쿼크와 하나의 다운쿼크가 모여 양성자가 되고, 하나의 업쿼크와 두

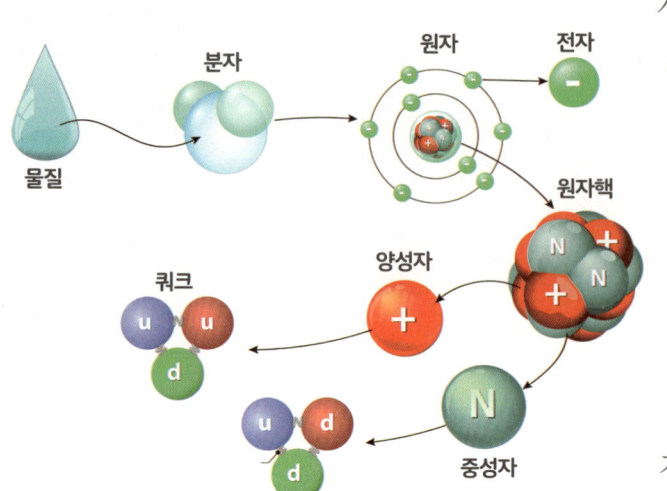

개의 다운쿼크가 모여 중성자가 되었어요. 이 모든 일이 빅뱅이 일어난 지 1초도 되지 않은 시간 동안에 이루어졌답니다.

자연에 존재하는 원소와 인공적으로 만든 원소를 합치면 모두 100여 종이나 되지만, 기본적인 구성 원리는 아주 단순해요. 원자핵은 양성자와 중성자로 구성되는데, 그 원자핵 속에 몇 개의 양성자와 중성자가 있느냐의 차이밖에 없거든요. 우리가 숨을 쉴 때 마시는 산소와 귀금속인 금은 굉장히 다른 원소처럼 보이지만 실제로는 핵 속에 양성자와 중성자가 몇 개 있느냐 차이밖에 없어요.

그래서 원소의 성질은 양성자의 수로 결정된답니다. 어떤 원소가 다른 원소가 되려면 원자핵이 서로 융합하거나 분열하여 양

쿼크
물질을 이루는 가장 기본적인 입자로 여섯 종류가 있어요.

원자
원자핵과 전자가 묶여 있는 경우를 원자라고 해요.

성자의 수가 달라져야 해요. 이때 원자핵이 하나의 양성자로 이루어진 원소가 바로 수소예요. 수소는 우주에서 가장 간단하고 가벼운 원소로 태어났죠.

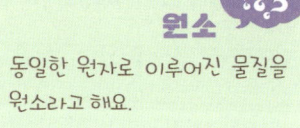

원소
동일한 원자로 이루어진 물질을 원소라고 해요.

원자핵에 두 개의 양성자가 있으면 헬륨이 돼요. 헬륨의 원자핵에는 두 개의 양성자뿐만 아니라 두 개의 중성자도 포함돼요. 이렇게 두 개의 양성자와 두 개의 중성자가 결합하여 헬륨이 만들어지는 핵융합이 일어나려면 매우 높은 온도와 압력이 필요해요. 그래서 이 과정은 빅뱅이 일어난 지 약 3분 동안만 이루어졌어요.

그 결과 우주 전체 원소 질량의 약 75퍼센트는 수소, 약 25퍼센트는 헬륨으로 구성되었죠. 이 과정에서 리튬과 베릴륨도 만들어지긴 했지만 너무나 적은 양이기 때문에 우주 대부분은 사실상 수소와 헬륨으로 이루어져 있다고 해도 틀리지 않아요.

별과 태양계의 탄생

헬륨보다 더 무거운 원소가 만들어지는 핵융합이 일어나려면 더욱더 높은 온도와 압력이 필요해요. 하지만 우주는 이제 팽창해서 온도와 압력이 낮아져 버렸기 때문에 더 이상의 핵융합은 일어날 수 없게 되었어요. 다시 핵융합이 일어나기 위해서는 약 2억 년을 더 기다려야만 했죠.

빅뱅 이후 핵융합이 일어날 수 있을 정도로 높은 온도와 압력이 만들어진 곳은 바로 별의 중심부였어요. 최초의 별은 빅뱅보다 약 2억 년 후에 만들어졌어요. 이 별들의 중심부에서 핵융합이 일어나 탄소, 질소, 산소, 규소, 철과 같은 원소들이 생겼죠. 아래 그림은 황소자리 방향에 있는 초신성의 잔해로 이루어진 게 성운이에요. 철보다 더 무거운 원소들은 초신성이 폭발하거나 중성자별이 충돌하는 과정에서 탄생했어요. 결국 자연에 존재

28

하는 모든 원소는 빅뱅 바로 다음에 만들어지거나 나중에 별에서 만들어진 거예요.

이렇게 생긴 원소들은 별의 물질 방출이나 초신성 폭발, 중성자별 충돌 등을 통해 우주로 퍼져 나갔어요. 그리고 이 물질들이 모여서 다시 새로운 별이 만들어졌죠. 빅뱅이 일어나고 약 90억 년이 지난 후, 태양은 별과 별 사이를 떠다니는 성간물질 속에서 탄생했어요. 지금으로부터 약 46억 년 전의 일이죠. 그래서 태양에는 수소와 헬륨뿐만 아니라 지난 90억 년 동안 별에서 만들어진 다른 원소들도 포함되어 있답니다.

> **초신성**
> 질량이 큰 별이 폭발하면서 죽는 현상이에요. 갑자기 밝아져서 새로운 별이 나타난 것처럼 보이기 때문에 초신성이라는 이름이 붙었어요.

> **중성자별**
> 초신성으로 폭발하고 남은 잔해가 수축해 만들어진 별이에요. 별 전체가 중성자로 이루어져 있어요.

언제든 어느 곳이든 생명은 태어날 수 있다

태양이 탄생하는 동안 그 주위에는 온갖 입자들이 포함된 먼지와 기체로 이루어진 납작한 원반이 만들어졌어요. 원반이 태양을 중심으로 회전하면서 태양 가까운 곳에는 규소, 산소, 마그네슘, 철과 같이 비교적 무거운

원소들이 모였어요. 이것들이 회전하는 동안 서로 뭉치며 만들어진 행성이 바로 수성, 금성, 지구, 화성이에요. 태양에서 먼 곳에는 가벼운 원소인 수소와 헬륨을 주성분으로 하는 큰 기체 행성들이 만

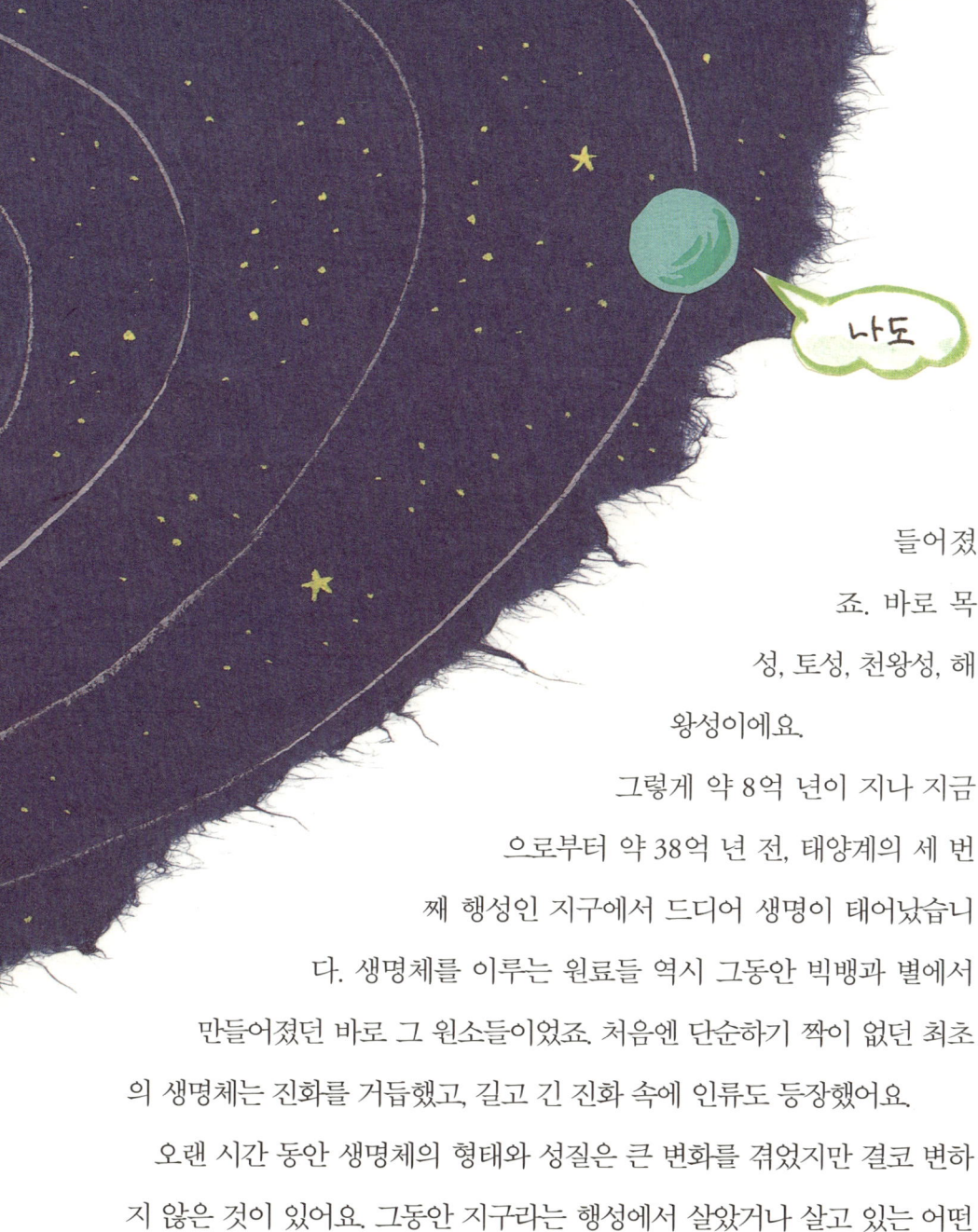

들어졌
죠. 바로 목
성, 토성, 천왕성, 해
왕성이에요.

그렇게 약 8억 년이 지나 지금으로부터 약 38억 년 전, 태양계의 세 번째 행성인 지구에서 드디어 생명이 태어났습니다. 생명체를 이루는 원료들 역시 그동안 빅뱅과 별에서 만들어졌던 바로 그 원소들이었죠. 처음엔 단순하기 짝이 없던 최초의 생명체는 진화를 거듭했고, 길고 긴 진화 속에 인류도 등장했어요.

오랜 시간 동안 생명체의 형태와 성질은 큰 변화를 겪었지만 결코 변하지 않은 것이 있어요. 그동안 지구라는 행성에서 살았거나 살고 있는 어떤 생명체든 빅뱅과 별에서 만들어졌던 원소들을 원료로 사용한다는 점이에

요. 인간의 몸을 구성하는 물질도 당연히 모두 별에서 왔어요. '우리는 모두 별의 잔해'라는 말은 문학적인 표현이 아니라 과학적인 사실인 거죠.

    태양과 지구뿐만 아니라 우주에 있는 모든 별과 행성들 역시 같은 과정으로 만들어졌어요. 재료는 빅뱅과 별에서 만들어진 원소들이고요. 우주에서 지구만 특별히 다른 재료들로 만들어진 특별한 행성이 절대 아니랍니다. 지구가 특별해서 생명체가 존재하는 게 아니라는 뜻이죠.

    우주에는 너무나 많은 세계가 있고 지구가 전혀 특별한 곳이 아니라면, 지구에만 우연히 생명체가 존재한다고 보는 것은 너무나 비합리적인 생각이겠죠? 우주 어딘가에 외계생명체가 존재할 확률보다 똑같은 재료로 만들어진 이 어마어마한 숫자의 천체 중 오직 지구에만 생명체가 존재할 확률이 오히려 더 희박하지 않을까요? 그런데도 이 넓은 우주에서 오직 지구에만 생명체가 존재한다면, 그건 정말 엄청난 공간의 낭비라고 할 수밖에 없어요.

별과 행성은 어떻게 다른가요?

'지구별'이 아니라고요?

인간을 '지구별 여행자'라고도 하죠. 문학적인 표현이지만 과학적인 말은 아니에요. 지구는 별이 아니라 행성이거든요. 수성, 금성, 화성, 목성, 토성, 천왕성, 해왕성에는 전부 별 성(星)자가 들어 있지만, 이들도 역시 지구처럼 별이 아니에요.

아무나 스타가 되는 건 아니죠!

천문학에서 별이란 중심부 온도가 1000만 도 이상이 되어 핵융합 반응으로 스스로 빛을 내는 천체를 말해요. '항성'이라고도 부르죠. 별 주위를 도는 지구 같은 천체가 '행성'이고, 달처럼 행성 주위를 도는 천체가 '위성'이에요.

밤하늘에 빛나는 게 다 별은 아니랍니다.

행성은 온도가 태양만큼 높지 않기 때문에 스스로 눈에 보이는 빛을 내지 못하고 태양 빛을 반사해서 빛나요. 그러니까 태양계에 별은 태양 하나뿐이고, 나머지는 모두 별이 아니에요.

태양계 너머 또 다른 태양계

태양계 밖 어딘가에 생명체가 산다면 당연히 별이 아니라 행성이나 행성의 주위를 도는 위성에 살고 있을 거예요. 지금도 태양계처럼 행성을 거느린 별들이 계속 발견되고 있답니다.

3

우주생물학이 밝혀낸 비밀

지구를 탐험하는 우주생물학자

　외계생명체가 있을 거라고 생각하는 다른 근거는 '생명체가 존재할 수 있는 환경은 매우 다양하다'라는 사실입니다. 외계생명체를 과학적으로 연구하는 학문을 우주생물학이라고 해요. 아직 우주에서 생명체가 실제로 발견된 곳은 지구밖에 없어 우주생물학자들은 지구생명체를 주로 연구하죠.
　과학자들은 지구의 생명체가 약 38억 년 전에 처음 등장했다고 보고 있어요. 지구에서 발견된 가장 오래된 퇴적암은 그린란드 서부의 이수아라는 지층에서 나왔는데, 이 지층은 38억 년 전에 만들어졌어요. 바로 여기에서 생명체의 흔적이 발견된 거예요. 38억 년 전 생명체의 존재 증거는 화석

같은 것이 아니라 탄소의 성분을 분석하여 알 수 있는 흔적이에요. 그러니까 직접적인 증거는 아니고 간접적인 증거라고 할 수 있죠.

지구에서 가장 오래된 생명체 화석은 '스트로마톨라이트'예요. 그런데 스트로마톨라이트도 사실 생명체가 화석으로 변한 것은 아니고, 눈에 보이지 않는 작은 미생물들이 물속에서 만든 버섯 모양의 탑이 화석으로 남은 거예요.

스트로마톨라이트를 만든 미생물은 시아노박테리아라고 하는데 이들은 얕고 따뜻한 물속에서 살면서 끈적끈적한 물질을 만들어요. 이 물질에 물속을 떠다니는 모래알갱이와 작은 입자들이 붙어서 버섯 모양의 탑을 만드는 거예요.

시아노박테리아
지구에서 처음으로 광합성을 하여 산소를 만들어낸 생명체예요.

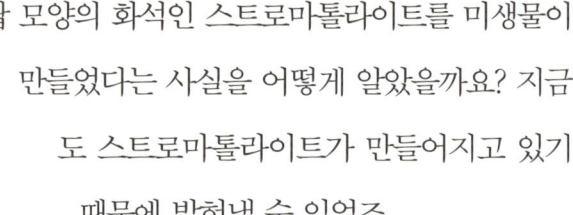

탑 모양의 화석인 스트로마톨라이트를 미생물이 만들었다는 사실을 어떻게 알았을까요? 지금도 스트로마톨라이트가 만들어지고 있기 때문에 밝혀낼 수 있었죠.

오스트레일리아 서부 필바라라는 지역의 얕은 바다인 샤크 베이에서는 시아노박테리아가 광합성을 하면서 물속의 부유물과 뭉쳐 스트로마톨라이트를 성장시키는 장면을 지금도 볼 수 있어요. 과학자들은 이 연구를 바탕으로 수십억 년 전의 스트로마톨라이트들도 미생물이 만들었다는 사실을 알게 되었고요.

지금까지 발견된 스트로마톨라이트 중 가장 오래된 것은 약 37억 년 전에 만들어졌어요. 적어도 37억 년 전에는 지구에 생명체가 등장했다는 분명한 증거가 있는 거죠.

최초의 생명체는 어떻게 탄생했을까?

지구 나이는 약 46억 년이고 약 38억 년 전에 처음 생명체의 흔적이 발견됐으니까 지구가 만들어지고 약 8억 년이 지난 후에 생명이 태어난 셈이에요. 그런데 약 39억 년 전까지는 소행성과 혜성의 충돌이 끊이지 않았기 때문에 사실상 생명이 태어날 수 있는 상황이 아니었어요. 실제 생명은 지구가 어느 정도 안정되고 약 1억 년 만에 태어났다고 볼 수 있어요.

최초의 생명은 어떻게 태어났을까요? 사실 이것은 아주 어려운 문제예요. 아무도 무생물에서 생물을 만들어 내는 실험에 성공한 적이 없거든요. 분명한 증거는 없지만 우주생물학자들은 땅속에서 뜨거운 열기가 솟아오르는 깊은 바닷속에서 최초의 생명이 태어났다고 생각해요.

태평양같이 큰 바다의 한가운데에 주변보다 3000미터 정도 높게 솟아오른 산맥을 '중앙해령'이라고 해요. 해령의 가운데에는 뜨거운 열기가 솟아오르는 '열수구'가 있어요. 이곳에는 바닷속에서 용암이 흘러나와 차가운 물과 만나자마자 굳으면서 특이한 모양의 기둥이 만들어져요. 그리고 바닷물이 해저 지각의 틈새로 스며들었다가 뜨거운 마그마를 만나 펄펄 끓는 수증기가 되어 솟구쳐 오르죠. 이곳 주변의 온도는 400도까지 올라가요. 물은 1기압에서는 100도에서 끓지만 깊은 바다에서는 압력이 높아서 400도까지 올라갈 수 있어요.

열수구에서는 뜨거운 물과 함께 여러 가지 화학 성분들이 함께 뿜어져 나오고, 단지 몇 센티미터 차이로 온도가 0도에서 400도 사이로 달라져요. 큰 온도 차이는 생명체의 재료들이 만들어지기에 아주 좋은 조건이에요. 생명체에게는 필요하지만 열에는 약한 분자들이 고온에서 합성된 후 다시 분해되지 않고 재빨리 식을 수 있기 때문이에요.

깊은 바다의 열수구는 빛도 들어오지 않고 산소도 없는 데다 압력과 온도가 아주 높아서 생명체가 살기에는 아주 열악한 환경이에요. 거의 지옥을 연상시키는 곳에서 최초의 생명체가 탄생했다니 정말 신기하죠? 이런 열악한 환경에서 지금도 살고 있는 생명체들이 있어요.

기압
지구를 둘러싸고 있는 공기층이 지표면을 누르는 힘을 말해요.

1970년대까지도 과학자들은 바다에서 생물이 살 수 있는 한계를 깊이 200미터에서 1킬로미터라고 생각했어요. 보통 200미터 깊이까지는 빛이 들어가고 아주 맑은 바다는 1킬로미터까지도 희미한 빛이 들어갈 수 있기 때문이에요. 그런데 잠수정이 실제로 탐사해 보니 10킬로미터 깊이의 심해에도 여러 종류의 물고기를 비롯한 수많은 생물이 살고 있었죠.

열악한 환경의 열수구에도 담배 모양에 붉은색 아가미를 가진 관벌레, 눈이 퇴화되어 앞을 보지 못하는 새우, 온몸에 털이 나 있는 게 등이 살고 있어요. 대한민국의 쇄빙선인 아라온호가 세계 최초로 탐사한 남극 주변의 중앙해령에서는 우리나라 과학자들이 지금까지 알려지지 않은 새로운 게와 불가사리를 발견하기도 했어요.

빛도 들어오지 않는 심해에서 사는 생물들은 무엇을 먹고 살아갈까요? 이곳에는 해저 화산에서 끊임없이 뿜어져 나오는 수소와 황을 이용해서 화학합성을 하는 미생물들이 있어요. 심해 생물들은 바로 이 미생물들을 먹어요. 관벌레는 아예 미생물과 공생하고, 털게는 몸에 난 미세한 털에서 키운 미생물을 훑어 먹으며 살죠.

만약 지구의 심해 열수구에서 생명이 태어났다면, 지구가 아닌 우주 다

　른 곳에 심해 열수구와 비슷한 환경에서도 생명이 태어날 수 있지 않을까요? 심해 열수구와 비슷한 곳은 바로 우리 태양계에도 존재할 수 있어요. 목성의 위성 유로파와 토성의 위성 엔셀라두스가 강력한 후보죠. 유로파와 엔셀라두스는 표면이 얼음으로 덮여 있지만 그 아래에는 물이 있고, 어쩌면 열수구와 비슷한 곳이 존재할 가능성이 높아요. 과연 유로파와 엔셀라두스에도 생명체가 태어났을까요?

　심해 열수구도 생명체가 살기에 열악한 환경이지만 지구에는 이보다 더한 곳이 있어요. 햇빛도 들어가지 않고 압력은 엄청나게 높은 땅속 수백 미터 깊이의 광산, 사막 한가운데 놓여 있는 바위 속이나 1년 내내 온도가 영하인 영구동토층 같은 곳이죠. 이런 곳에도 생명체가 살 수 있을까요?

아무리 독한 환경에서도 살아남는 극한 미생물

오스트레일리아에는 대찬정분지라고 불리는 지하수 지역이 있어요. 과학자들은 이 대찬정분지의 940미터 깊이 땅속에서 퍼 올린 지하수에서 미생물을 발견했어요. 햇빛이 전혀 들지 않는 이 지하수에는 광합성 대신 화학합성을 하는 미생물이 살고 있었어요. 땅속 깊은 곳은 햇빛이 없을 뿐만 아니라 압력도 아주 높아요. 높은 압력에서 살 수 있는 생물을 '호압생물'이라고 하는데, 깊은 바닷속도 압력이 높기 때문에 심해 생물들도 호압생물이라고 할 수 있죠.

대부분의 호압생물은 1기압 환경으로 옮겨 와도 살아남는데 어떤 호압생물은 1000기압이나 되는 엄청난 압력이 있어야만 살 수 있고 낮은 압력으로 옮기면 죽어 버려요. 생명체가 사는 환경은 정말 다양하죠?

세상에서 가장 건조한 사막은 칠레에 있는 아타카마 사막이에요. 이곳의 연 강수량은 최대 15밀리미터이고 1년에 비가 1밀리미터밖에 내리지 않는 곳도 있는데, 심지어 어떤 곳은 기상관측소를 운영한 이후 단 한 번도 비가 내린 적이 없다고 해요. 미국항공우주국 나사(NASA)의 우주생물학자들과 과학자들은 아타카마 사막에서 화성 탐사선을 테스트하고 우주의 건조한 환경을 연구하죠.

과학자들은 아타카마 사막에서 특이한 돌을 발견했어요. 돌 표면 바로 아래에 짙은 녹색의 띠가 있는데 이 띠를 현미경으로 자세히 살펴보니 광합성을 하는 박테리아인 남세균이 모여 살고 있었죠. 남극의 드라이 밸리는 1년 내내 영하의 온도에 눈이 오지 않아 남극인데도 빙하에 덮여 있지 않고 맨땅이 드러나 있어요. 그런데 이곳에서 발견된 암석에서 하얀 곰팡이나 녹조류 등이 같이 자라는 지의류가 녹색과 청록색의 띠를 만들고 있었어요. 암석은 미생물에게는 사막의 오아시스 같은 곳이에요. 바로 옆에 있는 흙에는 거의 미생물이 살지 못해도 암석에는 다양한 미생물들이 살고 있는 경우가 많아요. 암석 안에 사는 미생물을 '암석내생물'이라고 불러요. 암석내생물은 암석에 포함된 철, 칼륨, 황과 같은 아주 적은 양의 원소들을 먹고 살아가죠. 지구의 극한 환경에서 사는 미생물이 만약 우주선에 묻어 지구 밖으로 나간다면 어떻게 될까요? 어쩌면 다른 행성에서 살아남을지도 모르겠네요.

 열악한 환경에도 꿋꿋이 살아가는 생물들을 보면 반드시 우리가 생각하는 '좋은 환경'에서만 생명체가 살 수 있는 것은 아니에요. 이런 미생물 수준의 생명체는 태양계에서 지구가 아닌 다른 곳에도 있을 가능성이 충분해요.

생명체가 살 수 있는 최소한의 조건, 액체

우주생물학자들은 지구의 거의 모든 곳에서 생명체를 발견했지만 그렇다고 생명체가 어디에나 살 수 있는 것은 아니에요. 실제로 지구에서도 생명체가 전혀 살지 않는 곳을 발견했죠. 그곳은 아타카마 사막에서도 가장 건조한 곳인 융가이라는 지역이에요. 이 지역에서는 어떤 생명체도 살지 않는 것으로 확인됐어요. 깊은 바다나 땅속, 암석, 영구동토층에도 발견되는 생명체가 이곳에서만은 발견되지 않는 이유는 뭘까요? 바로 여기에는 물이 전혀 없기 때문이에요.

아무리 열악한 환경에서 살아가는 생명체도 액체 상태의 물이 전혀 없

　는 곳에서는 살 수 없어요. 적어도 지구에서는 생명체가 살 수 있는 최소한의 조건은 액체 상태의 물이라고 볼 수 있어요. 반대로 생각하면 단 한 방울의 물만 있어도 생명체가 살 수 있다는 말이 되는 거죠. 그만큼 생명체에게는 액체 상태의 물이 결정적인 역할을 해요.

　과학자들은 생명체가 존재하기 위해서는 어떤 종류든지 액체가 필요하다고 말해요. 생명을 유지하기 위해서는 생명체를 이루는 분자가 생명체 안팎으로 이동할 수 있어야 해요. 그러나 분자는 고체를 통해서는 쉽게 이동하지 못하고 기체 상태에서는 쉽게 퍼져서 흩어져 버려요. 그래서 분자를 구성하는 물질을 유지하거나 이동시키기 위해서는 반드시 액체가 있어야 해요.

지구생명체가 사용하고 있는 액체는 물이에요. 우주생물학자들은 지구에서는 물만 있으면 아무리 열악한 환경이라도 생명체가 살 수 있다는 사실을 확인했어요. 생명체가 살 수 있는 환경은 정말 다양하다는 말이죠. 우주에는 너무나 많은 세계가 있고 생명체가 살 수 있는 환경이 이렇게 다양하다면, 외계생명체가 분명히 존재한다고 생각할 수 있지 않을까요?

우주 공간에서도 생명체가 살 수 있나요?

지구에는 오존층과 대기가 있어 자외선처럼 해로운 빛을 차단해 주지만, 우주 공간은 공기도 없고 우주 방사선도 아주 강하기 때문에 생명체가 살 수 없어요. 우주복 없이 우주로 나가면 우주여행의 기쁨을 느껴볼 새도 없이 몇 분도 살 수 없어요.

그런데 '물곰'이라고 불리는 길이 1밀리미터 정도의 작은 동물이 우주 공간에서 살아남았어요. 물곰은 젖은 이끼나 모래, 물속 등 다양한 곳에 사는데, 매우 건조한 환경은 물론 영하 270도, 영상 150도의 온도에서도 살 수 있고, 생명체에 치명적인 방사능 농도에서도 살아남아요.

유럽우주국의 과학자들은 탈수 상태의 물곰을 우주 공간에 10일 동안 노출시켰어요. 그 후 다시 지구환경으로 데려와 물을 공급해 주니 놀랍게도 상당수가 다시 살아났어요. 우리는 바퀴벌레가 생명력이 강하다고 이야기하지만, 우주라는 극한 환경을 버티는 물곰이야말로 우주 최강 생명체가 아닐까요? 토성의 위성 엔켈라두스의 깊은 바다는 물곰이 생존할 수 있는 조건을 갖췄다고 해요.

물곰과 같은 생명체를 죽이려면 행성의 모든 바다가 끓어올라야 하는데, 그러려면 행성에 거대한 소행성이 충돌하거나, 가까이에서 초신성이 폭발하거나, 태양보다 100배 무거운 별이 블랙홀로 붕괴하며 엄청난 감마선을 내뿜어야 가능하다고 해요. 과학자들은 생명체가 살 만한 행성에서 생명체를 제거하는 게 오히려 어려운 일이라고 말하죠.

4 지구생명체와 외계생명체의 공통점과 차이점

우주에는 생각보다 '물'이 흔하다

생명체가 존재하기 위해서는 어떤 종류든지 반드시 액체가 필요합니다. 그 액체가 꼭 물일 필요는 없지만 우주생물학자들은 그래도 물이 가장 좋은 재료라고 말해요. 왜 그럴까요?

물은 우리가 알고 있는 모든 물질 중에 가장 넓은 범위의 온도에서 액체

상태를 유지해요. 물의 역할을 대신할 수 있는 액체로는 액체 암모니아나 액체 메탄이 있는데 이들은 아주 낮은 온도에서만 액체 상태로 존재할 수 있죠. 액체 암모니아는 영하 33.4도에서 끓어 기체가 되고, 액체 메탄은 영하 162.2도에서 끓어 기체가 돼 버려요. 액체의 온도가 낮으면 화학반응이 너무 느리게 진행되어 생명을 유지하기가 쉽지 않아요. 그래도 불가능하지는 않아서 과학자들은 액체 메탄 호수가 있는 토성의 위성 타이탄에는 생명체가 존재할 수도 있다고 생각해요.

물의 다른 장점은 특이한 화학결합을 하고 있다는 거예요. 물은 산소 원

물이 많네!

자 하나와 수소 원자 두 개가 결합해 만들어진 분자인데, 수소 원자가 대칭으로 붙어 있지 않아요. 마치 자석처럼 산소 원자 쪽은 음성을 띠고 수소 원자 쪽은 양성을 띠는 극성을 가지고 있어요. 그래서 물은 다른 액체에서는 불가능한 화학반응을 일으킬 수 있게 해 생명체가 사용하기에 아주 좋은 액체예요.

물은 생명체가 사는 환경을 구성하는 데에도 아주 중요한 역할을 해요. 극성을 가진 물은 강한 응집력 때문에 온도가 빠르게 변하지 않아요. 흙이나 금속에 열을 가하면 금방 뜨거워지지만 물은 빨리 뜨거워지지 않고 빨리 식지 않죠. 그래서 물은 온도를 천천히 높이고 천천히 낮추는 역할을 해서 생명체가 살기에 적절한 환경을 제공해요.

물의 또 다른 특징은 액체 상태일 때 고체 상태보다 밀도가 크다는 거예요. 그래서 얼음이 물에 뜨는 거죠. 이런 특별한 성질 덕분에 겨울에 호수나 강의 표면이 얼어도 얼음 아래에는 액체 상태의 물이 있어서 생명체가 생존할 수 있는 공간이 생기는 거예요.

물의 많은 장점 덕분에 지구생명체는 생명을 유지하는 데 필요한 액체로 물을 사용하게 되었을 거예요. 그런데 지구가 아닌 곳에도 물이 많이 있을까요?

물은 수소와 산소로 이루어져 있고, 수소와 산소는 우주에서 가장 흔하게 존재하는 원소들이잖아요? 실제로 우주에 있는 물질들을 관측해 보면

물 분자를 어디에서나 발견할 수 있어요. 그러니까 온도만 적절하다면 우주에 액체 상태의 물은 얼마든지 존재할 수 있답니다.

　어딘가에 외계생명체가 있다면 이들도 반드시 어떤 종류든 액체를 사용하고 있어야 하는데, 그 액체는 아마도 물일 가능성이 가장 높아요. 물은 생명체가 사용하기에 좋은 조건을 많이 가지고 있어요. 그리고 우주에 아주 흔하기 때문에 굳이 어렵게 다른 종류의 액체를 이용할 이유가 없다고 생각하는 것이 합리적이겠죠? 그래서 외계생명체를 찾는 우주생물학자들은 제일 먼저 그곳에 액체 생태의 물이 존재할 수 있는지를 알아봐요.

지구생명체의 핵심 성분 vs 외계생명체의 핵심 성분

생명체를 정의하는 것은 간단한 일이 아니지만 어떤 구조를 만들고 번식을 하려면 분자 형태를 갖춰야 한다는 것은 분명해요. 분자는 원자들의 집합이니까 어떤 원자가 핵심 성분이 되는지 알아야 해요. 지구의 모든 생명체에서 가장 중요한 성분은 물을 제외하면 탄소랍니다. 그래서 지구생명체를 '탄소 기반 생명체'라고 해요.

단백질, 지방, 탄수화물, DNA와 같이 생명체를 구성하는 중요 분자는 모두 탄소의 긴 사슬에 수소, 산소, 질소와 같은 다양한 다른 원자가 붙어

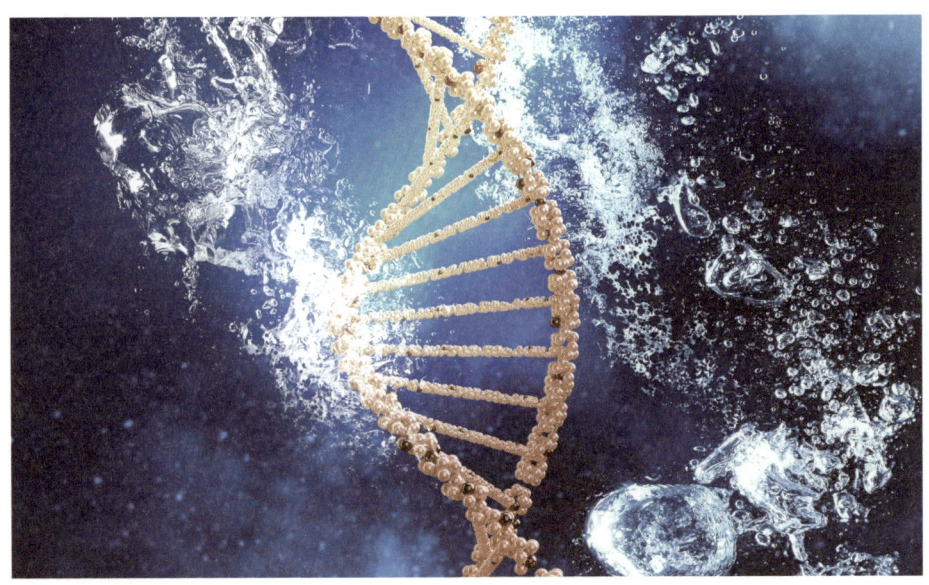

있는 구조예요. 탄소는 동시에 4개까지 다른 원소와 화학결합을 할 수 있고, 다른 탄소 원자와 강한 이중결합을 만들 수도 있어요.

생명체가 탄소로 구성되려면 자연 상태에 있는 탄소를 뽑아낼 수 있어야 해요. 바로 식물이 그 역할을 하죠. 식물은 대기에 있는 이산화탄소를 이용하여 광합성으로 탄소를 얻을 수 있어요. 그러면 동물은 식물을 먹거나, 식물을 먹어서 탄소를 얻은 다른 동물을 먹어서 탄소를 얻을 수 있죠.

탄소 이외에 한 번에 4개의 원소와 결합할 수 있는 또 다른 원소는 규소예요. 그래서 규소가 주성분인 외계생명체는 SF 영화나 소설에 종종 등장해요. 하지만 규소는 생명체의 기초가 되기에는 불리한 점이 많아요.

규소는 탄소처럼 4개의 원소와 결합할 수 있지만 탄소보다 결합력이 훨씬 약해요. 그래서 깨지기가 너무 쉬워서 살아 있는 세포의 구조를 만들기가 어려워요. 또 규소는 이중결합을 하지 않기 때문에 분자 구조가 다양하지 않고 화학반응의 범위도 넓지 않아요. 더구나 규소는 대부분 광물 형태의 고체로 존재하기 때문에 생명체가 규소를 뽑아내기가 쉽지 않아요.

그래서 과학자들은 규소로 구성된 생명체는 사실상 존재하기 어려울 것

이라고 생각해요. 특히 지구 표면에는 규소가 탄소에 비해 1000배나 많은데도 규소로 이루어진 생명체는 단 하나도 없답니다. 지구생명체가 탄소를 사용하는 이유는 탄소가 지구 표면에 흔해서가 아니라 생명체를 구성하는 데 가장 유리하기 때문이라고 생각할 수 있어요.

생명체의 탄생은 오랜 시간 동안 무수히 많은 화학결합이 반복된 끝에 우연히 일어나는 사건이에요. 그러니까 화학결합을 만드는 데 가장 유리한 원소를 이용하는 것이 당연하겠죠. 쉬운 탄소가 있는데 굳이 어려운 원소에 기반한 생명체가 만들어질 가능성은 높지 않다고 볼 수 있어요.

탄소를 비롯해 생명체를 구성하는 주요 원소인 수소, 산소, 질소, 인, 황은 우주에 얼마든지 있는 흔한 원소예요. 우주에 있는 모든 원소는 모두 빅뱅이나 별에서 만들어져 우주에 고르게 뿌려졌기 때문에 지구에만 이런 원소들이 특별히 많을 이유가 없어요. 그래서 우주생물학자들은 외계생명체 역시 지구생명체처럼 탄소 기반 생명체일 가능성이 크다고 생각해요.

실제로 탄소로 이루어진 유기물질은 우주에서 날아온 운석에서도 발견되고 성간물질에도 존재한다는 사실이 밝혀졌어요. 유기물질이 어떻게 생명체로 탄생하는지 우리는 아직 알지 못해요. 하지만 지구에서 아주 짧은 시간에 생명체가 탄생했다는 사실로 미루어 볼 때 적어도 유기물질을 가진 행성이라면 비교적 쉽게 생명체가 탄생할 거라고 추측할 수 있겠죠. 이 추측이 맞는다면 우주에는 생명체가 존재할 수 있는 곳이 정말 많아요.

지능을 가진 외계생명체는 어떻게 생겼을까?

영화나 SF 소설 속에는 자동차로 된 외계인, 돌로 된 외계인처럼 온갖 이상한 물질로 이루어진 이상한 모습의 외계인이 등장해요. 그런데 사실 지구의 생명체도 온갖 이상한 모양을 가지고 있어요. 지구생명체는 정말 다양해서 우리가 어떤 이상한 모양의 외계생명체를 상상해도 그와 비슷하게 생긴 생명체가 반드시 지구 어디엔가 있을 거예요.

　지금까지 살펴본 내용을 바탕으로 외계생명체가 어떻게 생겼을지 한번 추정해 볼까요? 우리의 진짜 관심사는 미생물이 아니라 인류처럼 지능을 가진 외계생명체니까 이들의 모습을 추리해 보기로 해요. 인류처럼 지능을 갖추고 도구를 사용해 문명을 만들려면 특정한 조건을 갖추고 있어야 할 텐데, 우주생물학자들이 대체로 동의하는 것은 이 세 가지랍니다.

　1. 주변 환경을 감지하는 시력, 또는 감각기관

2. 물건을 쥘 수 있는 손가락 또는 촉수나 갈고리 모양의 손톱이나 발톱

3. 언어와 같은 의사소통 수단

외계생명체를 연구하는 세티(SETI) 연구소의 천문학자 세스 쇼스탁은 세 가지 조건과 함께 여러 가지 근거를 갖고 가상의 외계지적생명체인 '외계인 조'를 만들었어요.

외계인 조의 눈은 거리를 식별하기 위해 두 개 이상이고 최대한 멀리 보기 위해서 몸의 위쪽에 있을 거예요. 눈이 많으면 좋을 것 같지만 너무 많

으면 뇌가 통제하기 어려워서 많아도 세 개를 넘진 않을 거예요. 마찬가지 이유로 팔과 다리 역시 너무 많지는 않을 거예요.

이렇게 만들어진 외계인 조는 기본적으로 우리 인간과 아주 유사한 모습이에요. 물론 우리가 상상하지도 못한 환경에서 상상하지도 못한 형태의 외계생명체가 나타날 가능성도 충분히 있죠. 하지만 지적생명체라면 지구와 크게 다르지 않은 환경에서 인간과 크게 다르지 않은 모습을 하고 있을 거라는 게 현재 과학자들의 합리적인 생각이에요. SF 영화에는 우리 인간과 매우 닮은 외계인들이 흔히 등장하는데, 지금까지의 추론을 보면 아주 근거 없는 이야기는 아니랍니다.

우주에 지적생명체가 존재할 확률 계산법

우주에 외계생명체가 존재할 수 있는 곳은 얼마든지 있지만 생명체가 태어났다고 해서 바로 인간과 비슷한 지적생명체로 이어진다는 보장은 없어요. 과연 우리와 비슷한 지적생명체는 얼마나 있을까요? 대답하기 쉽지 않지만 과학적으로 추정해 볼 수 있죠.

사실 근거는 그렇게 많이 필요하지 않아요. 우리 우주의 나이는 138억 년이고 지구의 나이는 46억 년이라는 것, 그리고 우리 은하에는 최소

1000억 개의 별이 있다는 사실만 기억하면 돼요. 이제 이 단순한 근거를 바탕으로 계산을 한번 해 볼 거예요. 곱셈과 나눗셈만 하면 되는 간단한 계산이니까 겁먹을 필요는 전혀 없어요.

이 계산에는 몇 가지 가정이 포함됩니다. 그러니까 계산 결과는 가정이 얼마나 잘 맞느냐에 달려 있겠죠. 가정을 바꾸면 결과도 달라지니까 가정을 바꿔 가면서 결과를 여러 방향으로 생각해 볼 수도 있어요.

우선 우리 은하에 있는 1000억 개의 별 중에서 지적생명체를 가지고 있을 별이 존재할 확률이 얼마나 될지 생각해 볼까요? 현재는 이 확률을 알 수 있는 방법이 거의 없으니까 언젠가 이들을 만나기를 기대하며 우리 마음대로 별이 존재할 확률을 조금 높게 정해 보아요. 자, 그 확률을 100만분의 1로 가정할게요. 100만분의 1이 뭐가 높냐고요? 로또 복권의 1등 당첨 확률이 약 800만분의 1이니까 100만분의 1은 꽤 높은 확률이랍니다. 우리 은하에 1000억 개의 별이 있고 그중에서 100만분의 1의 확률로 지적생명체가 존재한다고 가정하면 우리 은하에 지적생명체가 존재하는 별은 10만 개가 됩니다.

다음으로 우주에서 최초의 지적생명체가 언제쯤 태어났을지 생각해 볼까요? 우주의 나이는 138억 년이에요. 생명체의 재료가 되는 원소들은 별에서 만들어졌으니까 생명체가 태어나려면 먼저 그 원소들이 별에서 만들어지는 시간이 필요하겠죠. 그리고 태어난 생명체가 진화를 거쳐 문명을 건설할 수준이 되려면 더 많은 시간이 필요할 거예요. 예를 들어 지구는 46억 년 전에 태어났고, 인류가 문명을 발전시키기 시작한 것은 1만 년도 되지 않으니까 지구에서 지적생명체가 태어나는 데에는 약 46억 년이 걸린 셈이죠. 인류는 우주의 역사에서 보면 아주 최근에 등장한 지적생명체라고 할 수 있어요.

계산을 좀 더 간단하게 하기 위해 우주 최초의 지적생명체가 지금부터 50억 년 전에 등장했다고 가정할까요? 50억 년 전이면 우주의 나이가 88억 살일 때예요. 최초의 별은 늦어도 130억 년 전에는 만들어졌고, 80억 년이 지났으니까 별에서 생명체의 재료가 만들어지고 생명체가 태어나 지적생명체로 진화하기에 충분한 시간이라고 볼 수 있겠죠?

이 두 가정을 정리하면 우리 은하에는 지적생명체가 있는 별이 10만 개이고 최초의 지적생명체는 50억 년 전부터 나타나기 시작했다는 계산이 나와요. 그런데 50억 년 전부터 나타나기 시작한 지적생명체가 특별히 같

은 시기에 나타날 이유는 없겠죠? 오히려 50억 년 동안 지적생명체는 무작위로 나타났다고 보는 것이 합리적일 거예요.

무작위로 나타났다는 것은 평균적으로 거의 일정한 간격으로 나타났다는 말이에요. 그러니까 50억 년 동안 10만 개의 별에서 지적생명체가 나타났다면 평균적으로 5만 년 간격으로 나타난 거예요. 50억을 10만으로 나누기만 하면 되죠.

우리 은하에서 5만 년 간격으로 지적생명체가 나타난다면 인류가 문명을 발전시키기 시작한 것은 1만 년도 되지 않으니까 우리보다 뒤에 나타난 지적생명체는 아직 없고, 우리보다 바로 앞에 나타난 지적생명체는 지금부터 5만 년 전에 나타났다고 할 수 있어요.

처음에 말했듯이 이 값은 가정을 어떻게 하느냐에 따라 달라질 수 있어요. 예를 들어 지적생명체가 존재할 확률이 100만분의 1이 아니라 1000만분의 1이라면 지적생명체의 등장 간격은 10배 더 넓어져서 50만 년이 되겠죠. 확률을 10만분의 1로 높이면 등장 간격은 5천 년으로 줄어들어요. 그리고 우리 은하의 별 개수를 최소 1000억 개로 잡았지만 만약 그 2배인 2000억 개의 별이 있다면 간격은 반으로 줄어들겠죠. 하지만 가정을 어떻게 바꾸든 지적생명체의 등장 간격은 최소 수천 년에서 수십만 년 사이가 되는 건 분명해요. 결국 우리 은하에 지구 이외에 지적생명체가 존재한다면 그들은 우리보다 최소한 수천 년 이상 앞선 문명을 갖고 있다는 말이에요. 지구인은 우리 은하에 꽤 늦게 등장한 지적생명체인 거죠.

그렇다면 외계생명체들의 문명은 어떤 모습일까요? 인류는 문명을 발전시킨 지 1만 년도 안 됐지만 앞으로 불과 몇백 년 이후의 모습을 상상하기가 쉽지 않아요. 과연 몇천 년 후의 우리 모습은 어떨까요? 그때 모습은 우리가 만나기를 기대하는 지적생명체와 비슷할까요, 다를까요? 추론은 계산은 부르고, 계산은 상상을 낳고, 상상은 다시 과학적 탐구와 추론을 불러와 우리를 미래로 데려다줄 거예요.

5

워프 드라이브, 웜홀 그리고 지구 정복

놀랍도록 머나먼 별 사이의 거리와 무섭도록 텅 빈 공간

　많은 SF 영화들은 우리보다 훨씬 더 앞선 문명을 가진 외계생명체가 지구를 침략하는 이야기를 다루고 있죠. 게다가 실제로 외계생명체가 존재한다면 우리보다 수천 년 이상 앞선 문명을 가지고 있다는 계산이 나오니까 그런 일이 정말 일어날 수도 있지 않을까요? 다행히 천문학은 외계생명체의 지구 침공도 과학적으로 탐구할 수 있답니다.

　우주에는 엄청나게 많은 별이 있으니까 별이 존재하는 공간인 우주도 꽤 넓겠죠? 우주의 넓이는 그야말로 상상을 초월하니 마음을 단단히 먹고 먼저 우리 태양계부터 살펴보기로 해요.

　우선 지구부터 시작해 보죠. 지구를 한 바퀴 돌면 거리가 얼마나 될까요? 지구의 반지름이 약 6400킬로미터니까 지구의 둘레는 약 4만 킬로미터 정도가 돼요. 지구에서 달까지의 거리는 얼마나 될까요? 약 38만 킬로미터니까 40만 킬로미터로 보면 지구를 10바퀴 도는 거리와 비슷해요. 지구에서 달까지의 거리가 꽤 멀죠?

태양은 얼마나 클까요? 태양의 반지름은 약 70만 킬로미터로 지구에서 달까지의 거리보다 훨씬 커요. 지구와 달이 통째로 태양 안에 들어가고도 한참 남아요. 부피로 따지면 태양 안에는 지구가 약 100만 개나 들어가니 태양이 얼마나 큰지 실감이 나나요?

우주로 나가면 이렇게 규모 자체가 달라져요. 이번에는 태양계 전체를 보기로 해요. 태양의 지름은 140만 킬로미터나 되니까 너무 커서 머릿속에서 상상하기가 쉽지 않아요. 그래서 전체적으로 축소해 볼게요. 태양계 전체를 100억분의 1의 규모로 줄이는 거예요. 그러면 태양은 지름 14센티미터의 공이 돼요. 대략 큰 사과 하나의 크기죠. 목성은 포도 한 알, 천왕성은 앵두 한 알 크기고요. 이제 쉽게 그려지죠?

이렇게 축소를 하면 지구는 지름 1.2밀리미터로 볼펜 심 정도의 크기로 줄어들고 태양까지

75

쪼그만 것들

내가 지구야

거리는 15미터가 돼요. 이 규모로 태양계 모형을 만들면 어떤 모습일까요? 한쪽 길이가 30미터인 큰 강당 한가운데에 사과만 한 태양이 있고 벽 끝에 아주 작은 볼펜 심만 한 지구가 놓여 있겠죠. 나머지는? 방 어딘가에 있는 지구보다 더 작은 수성과 지구만 한 금성을 제외하면 아무것도 없는 텅 빈 공간이에요.

이렇게 축소한 규모에서 태양부터 명왕성까지의 거리

는 약 500미터가 돼요. 명왕성까지의 태양계 모형을 만들면 한쪽 길이가 1킬로미터인, 축구장 100개를 합친 크기의 엄청나게 큰 운동장이 필요해요. 이 어마어마한 운동장 한가운데 사과가 하나 놓여 있고, 볼펜 심 몇 개와 작아서 보이지도 않는 티끌 몇 개, 포도알 두 개와 앵두 두 알이 흩어져 있는 거예요.

  소행성이나 혜성 같은 작은 천체들은 너무 작아서 먼지로도 표현되기 힘들 정도예요. 그리고 아무것도 없어요. 100억 분의 1로 축소한 태양계 모형은 축구장 100개 크기의 텅 빈 운동장이라고 볼 수 있어요.

태양에서 가장 가까운 별은 프록시마 센타우리로 약 4.2광년 거리에 있어요. 태양을 사과만 한 크기로 줄인 모형에서 태양과 가장 가까운 별까지의 거리는 얼마나 될까요? 프록시마 센타우리까지의 거리는 약 4000킬로미터가 돼요.

 서울에서 부산까지의 거리가 400킬로미터니까 서울에 사과만 한 태양이 있으면 또 다른 사과만 한 별을 만나기 위해서는 그 10배를 더 가야 한다는 말이에요. 그 사이에 무엇이 있을까요? 아무것도 없이 캄캄하고 텅 빈 공간뿐이에요. 우주에는 엄청나게 많은 별이 있지만 그 별들 사이의 거리는 어마어마하게 멀어요. 우주는 상상할 수 없을 만큼 너무나 넓죠.

 별 사이의 거리는 너무나 멀기 때문에 우리는 사실상 다른 별로 갈 수가 없어요. 인류가 지금까지 간 곳은 달이 유일하죠. 축소 모형에서 달까지의 거리는 4센티미터밖에 되지 않아요. 이제 겨우 4센티미터를 간 인류가

4000킬로미터를 가려면 얼마나 더 발전해야 할까요?

　인류는 달에 이미 50년 전에 갔지만 화성에 사람이 가는 것은 아직도 어려운 일이에요. 화성은 달에 비해서 너무나 멀리 있기 때문이에요. 달까지 도착하는 데에는 2~3일 정도면 충분하지만 현재 탐사선이 화성에 도착하기까지는 6개월이 넘게 걸려요. 그리고 달은 지구 주위를 돌기 때문에 아무 때나 갔다가 돌아올 수 있어요. 하지만 화성은 지구 바깥에서 태양 주위를 돌기 때문에 지구와 가까이 있는 상태에 출발해야 하고 돌아올 때도 다시 지구와 가까이 있을 때 돌아와야 해요. 화성이 지구와 가까워지는 주기를 회합주기라고 하는데, 지구와 화성의 회합주기는 26개월이나 돼요. 그래서 화성에 갔다가 돌아오려면 최소한 2년은 우주여행을 해야만 해요.

빛의 속도로 우주를 여행하는 데 걸리는 시간은?

　사실 인류는 이제 막 우주여행을 시작한 초보자에 불과해요. 40년 전에 발사된 우주 탐사선 보이저호는 초속 17킬로미터의 속도로 총알보다 17배나 빠르게 날아가고 있지만 이제야 태양계를 막 벗어나고 있어요. 이 속도로 가장 가까운 별인 프록시마 센타우리까지 가는 데 얼마나 걸릴까요?

　1광년은 약 10조 킬로미터이고 인류가 만든 가장 빠른 우주선은 초속 20킬로미터 정도니까 이 속도로 42조 킬로미터를 가야 해요. 42,000,000,000,000÷20=2,100,000,000,000초이고 1년은 31,536,000초니까 다시 나눗셈을 하면 2,100,000,000,000초는 66,591년이 돼요. 현재 인류가 만든 가장 빠른 우주선으로 가장 가까운 별까지 가려면 6만 5000년이 넘게 걸린다는 말이에요.

넓은 우주를 마음대로 여행하려면 우리보다는 월등히 뛰어난 기술을 가지고 있어야겠죠? 그냥 뛰어난 정도로는 안 돼요. 우리보다 10배 빨라 봐야 6000년, 100배 빨라도 600년이나 걸리니까요. 그런데 더 큰 문제는 우주선의 속도를 한없이 높이는 것은 불가능하다는 사실이에요.

우주선이 아무리 빨라도 빛의 속도를 넘을 수 없다는 아인슈타인의 특수상대성이론은 이제 상식처럼 알려져 있죠. 특수상대성이론에 따르면 물체가 빛의 속도에 가까워질수록 질량이 점점 늘어나는데, 그러다가 광속에 도달하면 질량이 무한대가 돼요. 이런 일은 일어날 수 없기 때문에 질량을 가진 물체는 아무리 가속을 해도 빛의 속도에 도달할 수 없는 거예요.

빛의 속도를 넘을 수는 없지만 그래도 광속에 가깝게 가속을 하면 어떨까요? 이 방법도 쉽지 않아요. 엄청나게 많은 에너지가 필요하기 때문에 우주선의 질량보다 1만 배 이상 더 많은 연료를 싣고 가야 하거든요.

더구나 빛의 속도조차도 우주를 마음껏 누비기에는 너무 느린 속도예요. 가장 가까운 별인 프록시마 센타우리까지 왕복하는 데만도 8년이 넘게 걸리고 조금만 더 멀리 가려고 해도 수십 년은 기본이에요. 그래서 우주를 마음대로 여행하려면 빛보다 더 빠르게 이동할 수 있어야 해요. 과연 가능한 일일까요?

워프 드라이브와 웜홀

빛보다 빠르게 이동하는 초광속 여행은 SF 영화의 필수품이죠. 그게 없으면 이야기 자체가 만들어지지 않으니까요. 초광속 여행의 방법으로 잘

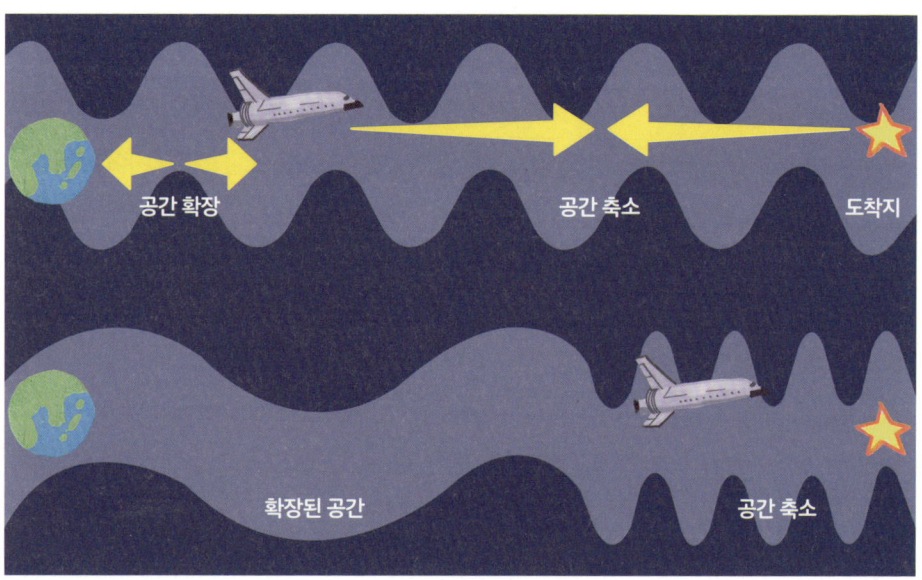

알려진 것 중의 하나는 유명한 SF 시리즈인 〈스타 트렉〉에서 처음 등장한 '워프 드라이브'예요.

우주선을 아무리 빠르게 가속해도 빛의 속도를 넘을 수는 없어요. 하지만 일반상대성이론에 따르면 공간이 휘어질 수 있어요. 워프 드라이브는 바로 이걸 이용해요. 단순하게 생각하면 가고자 하는 방향의 앞쪽 공간을 수축시키고 뒤쪽 공간을 팽창시키는 거예요. 우리나라 옛날이야기에 나오는 도사님들이 사용하는 축지법과 비슷한 방법이죠.

공간을 휘어서 빛보다 빠르게 이동한다는 개념은 영화에서 처음 등장했지만 실제 이론적으로 가능하다는 것을 증명한 과학자가 있어요. 〈스타 트렉〉의 팬이었던 멕시코의 물리학자 미구엘 알큐비에르가 1994년에 「워프 드라이브: 일반상대성이론에서 가능한 빠른 여행」이라는 논문에서 '일반상대성이론의 범위 내에서 공간을 변형하여 임의의 빠른 속도로 여행할 수 있는 방법'을 찾아낸 거예요. 그래서 워프 드라이브를 알큐비에르 드라이브라고 부르기도 해요.

알큐비에르는 영화 속에서나 가능하던 초광속 비행이 적어도 이론적으로는 가능하다는 사실을 보였어요. 하지만 이론적으로 가능하다고 해서 실제로 가능한 것은 아니죠. 문제는 공간을 변형하기 위해서는 엄청난 에너지가 필요하다는 거예요.

더 큰 문제는 워프 드라이브를 가능하게 만들기 위해서는 음의 질량을 가지는 '특이한 물질'이 필요하다는 거예요. 음의 질량을 가지는 물질은 아직 한 번도 발견된 적이 없어요. 이런 물질이 과연 존재할 수 있을지조차도 의문이죠. 음의 질량을 가진 물질을 만드는 방법도 당연히 모르고요.

빛보다 빠르게 이동하는 또 하나의 방법은 영화 〈인터스텔라〉에 등장하여 잘 알려진 '웜홀'을 이용하는 거예요. 웜홀은 우주 공간에 구멍을 뚫어서 이곳에서 저곳으로 빠르게 이동할 수 있는 방법이에요.

웜홀 역시 이론적으로는 존재할 수 있어요. 1930년대에 아인슈타인이 동료 네이선 로젠과 함께 그 이론을 찾아내어 '아인슈타인-로젠 다리'라고도 불러요. 그리고 〈인터스텔라〉를 자문한 물리학자 킵 손이 웜홀을 통과하여 우주

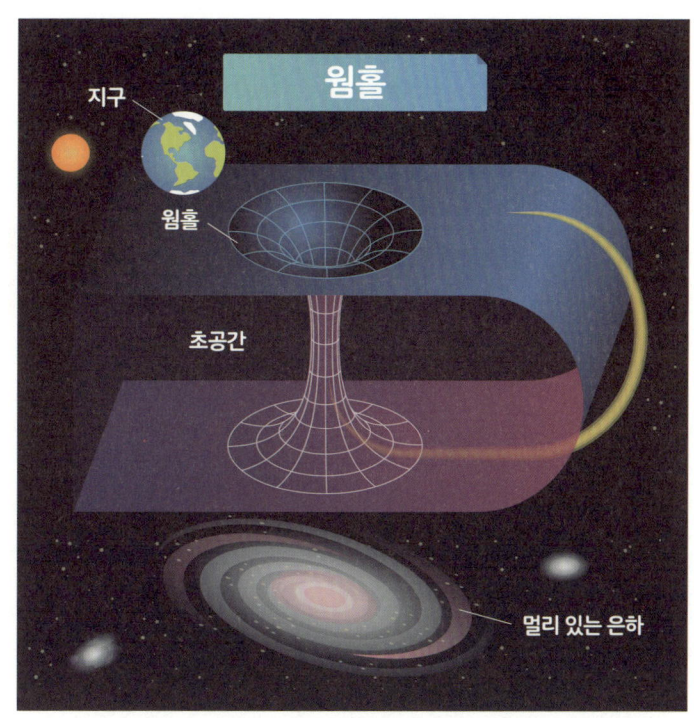

를 여행할 수 있는 방법을 찾아냈어요.

　웜홀 역시 워프 드라이브와 마찬가지로 엄청난 에너지와 음의 질량을 가지는 물질이 필요해요. 웜홀 입구 1미터를 열려면 목성 질량만큼의 음의 질량 물질이 있어야 하죠. 하지만 우리는 아직 음의 질량 물질을 구경해 본 적이 없어요.

　아마도 웜홀을 만드는 것은 워프 드라이브를 이용하는 것보다 훨씬 더 어려울 거예요. 웜홀을 이용한 우주여행이 이론적으로 가능하다는 것을 보

킵 손
중력파를 발견하는 데 기여한 공로로 2017년 노벨 물리학상을 수상했어요.

웜홀길로 3박 4일 우주여행 다녀올게~

인 킵 손도 현실에서 실제로 우주 공간에 구멍을 뚫어 웜홀을 만드는 방법은 모르겠다고 말할 정도니까요.

영화 〈인터스텔라〉에서는 고차원에 사는 문명이 토성 근처에 웜홀을 만들어 주는 것으로 설정됐어요. 킵 손은 그 이유를 이렇게 말했어요.

"인류가 100년 이내에 성간 여행을 할 수 있게 될 가능성보다는 어느 날 갑자기 웜홀이 나타날 확률이 더 높다."

UFO는 정말 존재할까?

만일 외계생명체가 먼 우주를 건너 지구에 왔다면 빛의 속도에 가까운 속도로 수십 년을 왔거나 워프 드라이브 혹은 웜홀을 이용했을 거예요. 어떤 방법을 사용했든 지금 우리와는 비교할 수 없을 정도의 높은 수준의 과학기술을 가지고 있는 것은 분명해요. 만일 워프 드라이브나 웜홀을 사용하는 수준이라면 우리 지구인의 눈에는 마법보다 더 놀라운 과학기술로 보이겠죠.

이 정도 과학기술을 가진 외계생명체가 지구를 정복하기로 마음먹고 공격을 한다면 우리가 맞서는 것은 사실상 불가능할 거예요. 만에 하나 지구를 방문한 외계생명체가 있었다면 적어도 지구를 침공할 의사는 없었던

것이 분명해요. 지구가 아직 점령당하지 않았다는 것이 바로 증거죠. 그렇게 높은 수준의 과학기술을 가질 정도로 발전한 문명이라면 다른 행성을 침공하는 수준 낮은 의식을 가지진 않았을 거예요.

　인터넷에 흔히 등장하는 UFO도 외계생명체의 비행 물체일 가능성은 별로 없답니다. UFO의 움직임이 현재 인류의 기술로 만들 수 없는 수준일지는 몰라도 우주여행을 하기에는 너무 낮은 수준이기 때문이죠. 공간을 마음대로 수축하고 팽창시키거나 웜홀을 만들 수 있는 과학기술을 가진 생명체가 실수로 우리에게 들킬 만한 흔적을 남길 가능성은 거의 없지 않겠어요?

우리 인류가 앞으로 얼마나 더 과학기술을 발전시켜야 SF 영화처럼 우주여행을 마음대로 할 수 있을지는 알 수 없어요. 아마도 짧게는 수백 년, 길게는 수천 년에서 수만 년이 걸릴지도 몰라요. 그러기 위해서는 우선 인류가 그때까지 멸망하지 않고 살아남아야 합니다. 어쩌면 지구를 방문하는 외계생명체를 만나는 것보다 더 어려운 일일 수도 있어요.

붉은 행성 화성에서
생명체 탐색하기

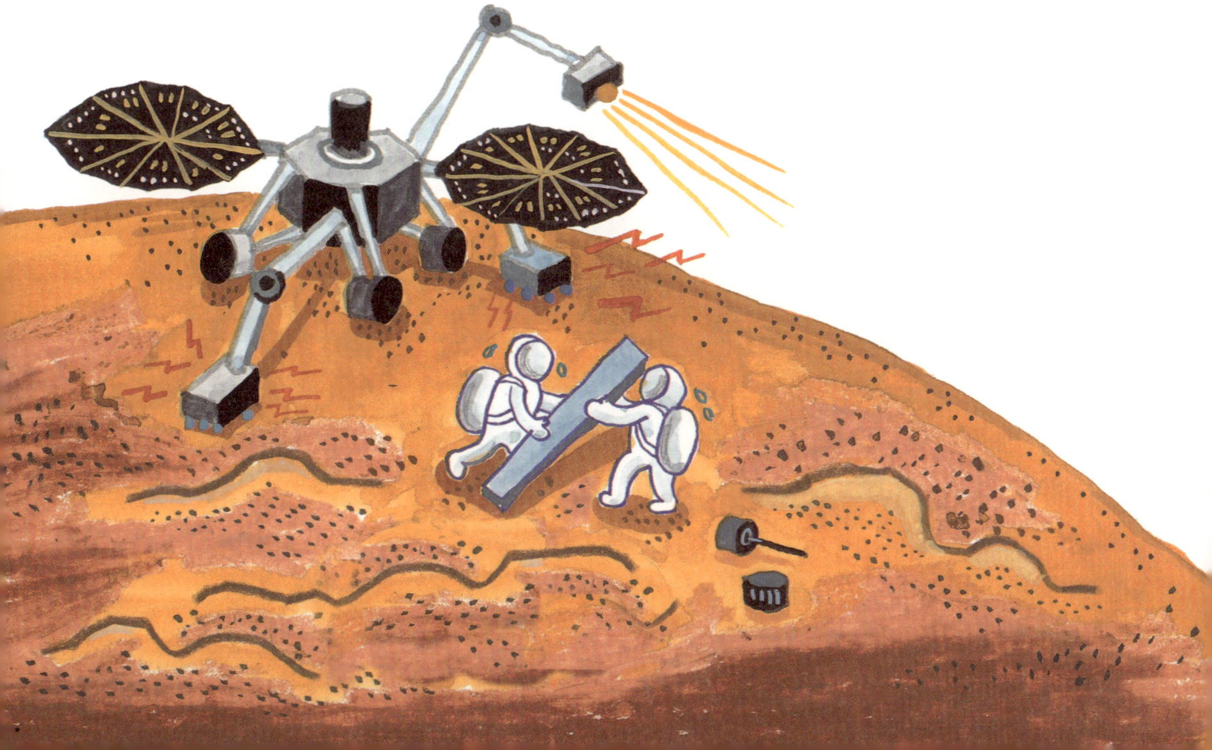

화성에는 화성인이 살고 있을까?

지금 당장 우리가 다른 별에 있는 외계생명체를 만날 방법은 없어요. 정말로 뛰어난 문명을 가진 외계생명체가 지구를 방문하지 않는 한 말이죠. 그렇다고 마냥 기다리고 있을 수만은 없죠. 일단 태양계에서 지구 이외의 다른 곳에 생명체가 있는지 살펴보는 것이 먼저일 거예요.

지구 밖에서 생명체를 찾기 위해 우리가 가장 열심히 탐사하는 곳은 바로 화성이에요. 붉은색으로 밝게 빛나며 별들 사이를 떠돌아다니는 화성은 아주 오래전부터 사람들의 관심을 많이 받았어요. 화성이 붉은색으로 보이는 이유는 사람의 피가 붉은색인 이유와 같아요. 사람의 피는 적혈구의 헤모글로빈에 포함된 철 성분이 산소와 결합해 붉은색이 되죠. 철이 녹슬어 붉은색이 되는 것과 같아요. 화성의 표면에는 산소와 철이 결합해 만들어진 산화철이 많기 때문에 붉게 보여요. 고대인들이 피를 연상시키는 붉은색 행성에 전쟁의 신 마르스의 이름을 붙인 것이 정말 그럴듯하죠?

화성에 지적인 생명체가 존재할 거란 생각은 19세기 후반부터 20세기 초까지 유행이었어요. 19세기 중반에 화성은 자전 주기가 지구와 비슷해 하루의 길이가 지구와 거의 같고, 자전축이 기울어진 각도도 비슷해 지구처럼 계절의 변화가 생긴다는 사실을 알게 되었어요.

그리고 화성의 밝은 부분은 육지로, 어두운 부분은 바다로 여겨졌기 때문에 화성에 어떤 형태로든 생명체가 살고 있을 거라고 자연스럽게 추측했죠. 사람들이 너무나 당연히 화성에 생명체가 있을 거라고 여긴 탓에 화성인을 뜻하는 마션이란 단어가 지금까지도 영어 사전에 남아 있어요.

1877년 이탈리아의 천문학자 조반니 스키아파렐리는 그해에 화성이 지구에 가장 가까이 올 때를 기다려 직경 22센티미터 망원경으로 화성을 관측해 화성 표면 지도를 그렸어요. 그는 화성 표면에서 여러 개의 긴 선들을 관측하고 이것을 '카날리'라고 불렀어요. 그런데 '틈새'나 '홈'이라는 뜻의 카날리는 영어로 '운하'라는 뜻의 '캐널'로 번역되었어요. 당시 태평양과 대서양을 잇는 파나마 운하가 건설 중이었기 때문에, 운하라는 단어는 자연

스럽게 지적생명체가 인공적으로 만든 물길을 연상시켰죠.

여기에 영향을 받은 미국의 사업가이자 과학자인 퍼시벌 로웰은 1894년에 애리조나에 천문대를 건설하고 화성 관측을 시작했어요. 로웰은 조선 후기에 일본과 조선을 여행하고 여러 여행기를 쓴 여행가이기도 했어요. 그는 10년 넘게 화성을 관측하면서 화성 '운하'의 지도를 그렸고, 이것이 화성의 지적생명체가 만든 것이 분명하다고 주장했어요.

로웰의 주장은 많은 사람에게 큰 인기를 얻었어요. 1898년에 발표된 웰즈의 소설 『우주전쟁』은 화성에 호전적인 지적생명체가 존재할 것이라는 사람들의 믿음을 더욱 강화했죠. 화성인의 공격을 다룬 이 소설은 1938년에 미국에서 라디오 드라마로 방송되었는데, 화성인이 지구를 공격하고 있음을 알리는 드라마 속의 뉴스를 사람들이 실제 상황으로 착각하는 바람

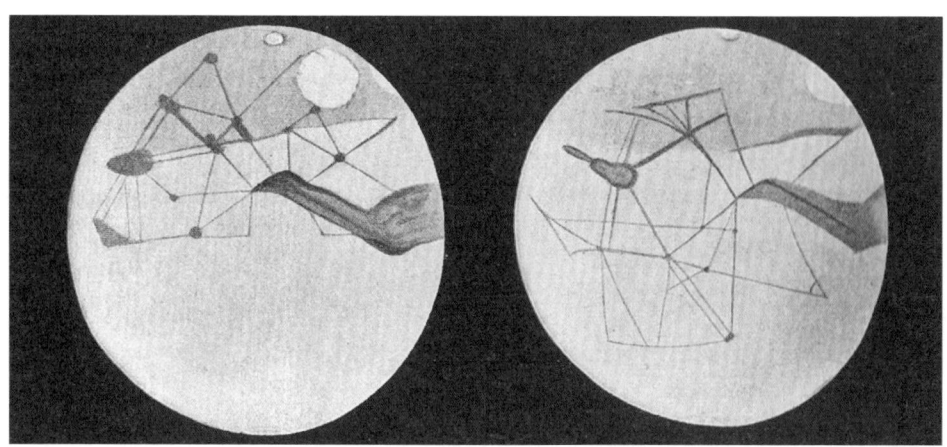

에 엄청난 소동이 일어나기도 했어요. 우주전쟁은 〈화성침공〉이란 제목으로 여러 번 영화로 만들어졌고, 이후 무수히 많은 외계인 침공 영화의 원조가 되었어요.

로웰의 주장은 많은 사람에게는 큰 인기를 얻었지만 천문학자들의 입장은 회의적이었어요. 1908년에 새롭게 설치된 윌슨산 천문대의 망원경은 직경 1.5미터로 로웰이 사용한 직경 60센티미터 망원경보다 월등히 우수한 망원경이었죠. 이 망원경으로 화성을 관측한 천문학자들은 화성에서 운하로 보이는 것은 전혀 발견하지 못했다고 발표했어요.

우주개발이 본격적으로 시작된 1960년대부터 나사는 화성 탐사선을 보내기 시작했고, 드디어 1976년 바이킹 1호와 2호를 화성 표면에 착륙시키는 데 성공했습니다. 화성은 거대한 협곡과 높은 산을 가진 황량한 사막과 같았죠. 로웰이 주장했던 운하나 지적생명체의 흔적은 어디에서도 찾을 수 없었어요.

화성에서 발견한 둥글게 깎인 자갈과 조약돌

화성의 지름은 지구의 절반 정도이고 부피는 지구의 8분의 1 정도밖에 되지 않기 때문에 지구 안에 화성이 8개가 들어갈 수 있어요. 부피는 지구의 8분의 1인데 질량은 지구의 10분의 1이니까 밀도는 지구보다 낮다는 것을 알 수 있죠. 그래서 중력은 지구의 약 3분의 1 정도예요. 흔히 지구와 비슷한 행성이라고 많이 알려져 있지만 사실 지구에 비해서 아주 작고 가벼워요.

화성의 환경은 하루의 길이가 24시간 37분으로 지구와 거의 같고, 자전축의 기울기가 25.2도로 지구와 비슷해 계절의 변화가 생겨요. 하지만 화성의 공전 주기는 687일로 지구의 2년이 조금 안 되기 때문에 각 계절의 길이는 지구의 두 배 정도가 되어요. 작은 질량 때문에 중력도 작아서 지

화성인~ 있으면 와서 좀 도와줘!

구처럼 두터운 대기를 가질 수도 없어요. 화성의 대기압은 지구의 1퍼센트도 되지 않기 때문에 화성의 환경은 지구와 비슷하기보다는 다른 점이 더 많아요.

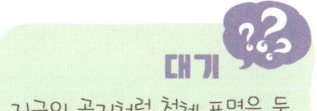

대기
지구의 공기처럼 천체 표면을 둘러싸고 있는 기체를 말해요.

화성의 환경에서 가장 중요한 점은 대기가 거의 없다는 거예요. 이것은 화성 표면에는 액체 상태의 물이 존재하기 어렵다는 것을 의미해요. 화성의 대기압과 온도에서는 액체 상태의 물은 대부분 곧바로 증발하거나 얼어 버려요.

하지만 과거에는 화성 표면에 액체 상태의 물이 상당히 많았던 것이 분명해요. 1971년에 화성을 탐사한 매리너 9호는 화성의 전역에서 수많은 계곡을 발견했어요. 물이 수천 킬로미터를 흐르면서 만들어 낸 강의 계곡과 지류, 그리고 비가 내린 흔적이었죠. 그 이후로 계곡은 더 많이 발견되어 2010년에 만들어진 화성의 지도에는 4만 개가 넘는 화성의 계곡들이 그려져 있어요.

계곡의 흔적뿐만 아니라 상당히 큰 호수의 흔적도 발견되었어요. 호수의 바닥에서 만들어진 삼각주도 여러 개가 발견되었어요. 삼각주가 만들어지기 위해서는 보통 오랜 시간 동안 깊은 물 속에 있어야 하기 때문에 이

것은 화성에 많은 양의 물이 있었다는 중요한 증거예요. 2012년 큐리오시티호는 둥근 모양의 자갈과 조약돌의 사진을 보내왔는데 이런 것은 빠르게 흐르는 물속에서만 만들어질 수 있는 거예요.

화성에 바다가 있었는지는 오랫동안 논란거리였지만, 최근에 약 35억 년 전에는 화성 표면의 약 3분의 1이 바다였다는 연구 결과가 나왔어요. 초기의 화성은 지금보다 더 따뜻하고 대기의 양도 많았던 것이 분명해요.

중대 발표 : 화성에는 액체 상태의 물이 흐르고 있다!

과연 지금도 화성에 액체 상태의 물이 있을까요? 현재 화성의 물은 대부분 얼음의 형태로 있어요. 2008년 나사는 화성의 북극 근처에 착륙한 탐사선 피닉스호가 얼음이 있다는 것을 확인했다고 발표했어요. 피닉스호는 길이 2.4미터의 로봇 팔로 화성의 영구동토층 밑에 있는 흙을 파낸 후 가열하여 물이 되는 것을 확인했어요.

화성 대기의 주성분은 이산화탄소이기 때문에 화성의 극관도 오랫동안 이산화탄소의 얼음인 드라이아이스로 이루어져 있다고 여겨졌어요. 그런데 2003년에 화성 탐사선들의 자료를 분석한 과학자들은 화성의 극관이 표면을 제외하고는 대부분 물의 얼음으로 이루어졌다는 사실을 알아냈어요.

2010년, 화성정찰위성은 화성의 북극에 있는 얼음이 모두 녹는다면 화성 표면 전체를 약 5.6미터 깊이로 덮을 수 있는 정도의 양이라는 것을 발견했어요. 화성의 남극에는 더 많은 양의 얼음이 있고 상당한 양의 얼음이 화성 표면 곳곳에 흩어져 있어요. 화성의 극지방과 표면 근처에 있는 얼음이 모두 녹으면 화성 표면 전체를 약 35미터 깊이로 덮을 수 있다고 해요. 그리고 깊은 땅속에는 훨씬 더 많은 양의 얼음이 있을 것으로 여겨져요.

화성의 대기압과 온도에서는 표면에 액체 상태의 물이 안정적으로 존재할 수가 없어요. 그런데 2006년 나사는 매우 흥미로운 사진을 공개했어요. 화성궤도탐사선

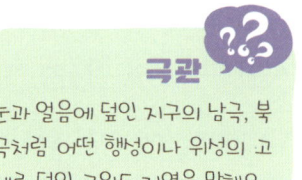

극관
눈과 얼음에 덮인 지구의 남극, 북극처럼 어떤 행성이나 위성의 고체로 덮인 고위도 지역을 말해요.

이 1999년과 2005년에 똑같은 지역을 촬영한 두 장의 사진이었어요. 재미있게도 1999년에 찍은 사진에는 보이지 않던 새로운 흔적이 2005년에 찍은 사진에는 뚜렷하게 보였어요. 이것은 지하에 있던 물이 표면으로 빠져나와 흘렀던 흔적으로 여겨져요.

2015년 9월, 나사는 예고까지 하는 '중대 발표'를 통해 화성에서 액체 상태의 물이 흐르고 있다는 강력한 증거를 찾았다고 발표했어요. 상대적으로 따뜻한 화성의 일부 지역에서 계절에 따라 어두운 경사면이 나타났다가 사라지는 일이 반복되었는데, 이것이 나트륨이나 마그네슘 등 염분을 포함한 물이 흐르며 생긴 현상이라는 증거를 발견한 거예요. 염분은 물의 어는점을 낮추기 때문에 물이 어는 온도보다 낮은 온도에서도 염분이 포함된 물은 액체 상태로 존재할 수 있어요.

화성 탐사는 계속된다

화성에 액체 상태의 물이 있다면 생명체도 존재할 수 있지 않을까요? 지구에는 단 한 방울의 물만 있어도 생명체가 있다는 것을 확인했죠. 화성은 과연 어떨까요?

안타깝게도 화성은 지구에 비해 결정적으로 생명체가 살기에 좋지 않은 조건이 있어요. 바로 방사선이에요. 우주에는 태양과 우주에서 방출된 고에너지의 방사선이 아주 강해요.

방사선
높은 에너지를 가진 입자들이나 전자기파를 말해요.

지구는 다행히 자기장과 대기가 우주 방사선을 막아 주기 때문에 생명체가 살 수 있어요. 그런데 화성은 지금 자기장과 대기가 없어서 태양과 우주에서 오는 방사선을 막아 주지 못해요. 그 결과 화성은 지구보다 태양에서 훨씬 더 멀리 있지만 화성 표면의 방사선은 지구의 100배나 돼요. 지구에 있는 어떤 생명체의 세포도 견딜 수 없는 수준이죠.

혼자 힘으로 생존 가능한 세포가 방사선의 지속적인 공격을 피하려면 화성의 땅속 깊은 곳에 있어야 해요. 지구에서 방사능에 가장 강한 박테리아도 화성의 표면에서는 1만 8000년이면 멸종해 버린대요. 화성은 현재 생명체가 존재하기에는 매우 열악한 환경이에요.

탐사 결과 과거에는 화성 표면에서 생명체가 존재했을 확률이 매우 크답니다. 현재도 화성 표면에서 살아 있는 생명체를 발견할 가능성은 높지 않지만, 방사선을 피할 수 있는 땅속 깊은 곳에서는 살아남은 생명체가 있을지도 몰라요. 적어도 화성 표면에서 과거 생명체의 흔적을 찾을 수 있는 가능성은 여전히 남아 있어요.

2018년 11월에 화성에 착륙한 탐사선 인사이트호는 약 5미터 정도 깊이의 땅을 파서 화성의 지질을 탐사할 예정이에요. 그리고 앞으로도 계속

화성 탐사는 진행될 테니 우리가 지구 밖에서 생명체나 생명체의 흔적을 발견한다면 그곳은 화성일 가능성이 가장 높습니다.

질문 있어요!

화성의 물은 왜 없어졌나요?

화성도 지구만큼 아름다웠다

아래 이미지들은 화성이 물을 잃어버리기 전의 모습을 나사에서 과학적으로 복원한 모습이에요. 지금은 붉고 건조한 행성이 먼 옛날 이토록 푸르고 촉촉하고 아름다웠다는 사실이 믿어지나요?

누가 화성의 물을 사라지게 했을까?

화성의 물이 없어진 이유는 과거에는 많이 있던 대기가 없어졌기 때문이에요. 대기란 행성을 둘러싸고 있는 기체를 말해요. 금성이나 목성, 토성 등도 이산화탄소나 수소, 헬륨 등으로 이루어진 대기가 있어요. 지구는 질소와 산소가 많이 포함된 공기로 둘러싸여 있죠.

지구의 대기는 살아 있는 모든 것의 방패

지구의 대기는 지구의 온도를 알맞게 유지하고, 지구로 들어오는 해로운 우주 방사선과 태양의 자외선을 막아 줘요. 운석 같은 천체 조각이 지구와 충돌할 때 대기와 마찰로 불에 타면서 천천히 떨어지게 만드는 지구의 담요 역할도 하죠.

화성의 대기는 왜 없어졌을까?

화성의 대기가 없어진 것은 태양에서 날아오는 강한 입자들이 화성의 대기를 구성하는 입자들을 때려 우주로 날아가 버리게 했기 때문이에요. 지구는 자기장이 태양에서 오는 입자들을 막아 주지만 화성에는 자기장이 없어서 대기가 없어진 거죠. 사실 과거에는 화성에도 자기장이 있었는데 자기장이 없어지면서 대기도 없어지고 물도 없어진 거예요. 지구도 자기장이 없어진다면 화성과 같은 비극을 맞이할 수도 있어요.

7

제2의 지구, 외계행성을 찾아라

우주에서 다른 행성을 찾을 수 있을까?

외계생명체가 우주 어딘가에 존재한다면 뜨거운 별에서는 살 수가 없을 테니 별의 주위를 도는 행성이나 그 주위를 도는 위성에 살 거예요. 태양계를 넘어 우주에서 다른 별 주위를 일정한 궤도로 도는 행성을 외계행성이라고 불러요. 우리는 우주에 엄청나게 많은 별이 있다는 사실을 알고 있어요. 별이 그렇게 많으니 외계행성도 많을 테고, 그중에는 지구처럼 생명체가 살 수 있는 행성들도 얼마든지 있을 거예요.

하지만 그런 추정만으로는 어떤 답도 얻을 수 없어요. 과학은 아무리 그럴듯해 보이는 추정이라도 증거를 찾아서 확인하지 않으면 사실로 인정하지 않아요. 그래서 천문학자들은 다른 별의 주위를 도는 행성을 찾기 위해서 오래전부터 노력했어요.

우주는 텅 빈 암흑의 공간이나 마찬가지입니다. 태양계의 이웃 행성들을 빼면 보이는 것은 멀리 떨어진 별이 보내오는 희미한 빛뿐이죠. 우주는 실험을 할 수도 없고 보고 싶은 것을 보기 위해 어떤 조작을 할 수도 없어요. 그래서 우주가 우리에게 제공하는 유일한 단서인 빛을 열심히 관측하고 해석해서 우주의 비밀을 풀어야만 해요.

　그런데 외계행성은 지구와 마찬가지로 스스로 빛나지 않기 때문에 그냥 찾을 수는 없겠죠? 외계행성을 발견하려면 먼저 태양과 같은 중심별을 찾아, 그 별에서 나오는 빛의 변화를 관측해야 해요.

　태양계 밖의 외계행성은 1992년에 최초로 발견되었어요. PSR B1257 + 12라는 이름의 펄서를 돌고 있는 행성 3개였어요. 펄서는 질량이 큰 별이 초신성 폭발 후 남은 중성자별로 매우 빠르게 회전하면서 규칙적으로 전파를 방출하는 별이에요. 펄서는 회전주기가 정말 정확해서 원자시계와 비교될 정도예요. 천문

원자시계
원자의 진동을 이용하는 시계로 현재 사용하고 있는 가장 정확한 시계예요.

학자들은 이 펄서의 회전주기가 미미하게 빨라졌다 느려지는 현상을 발견했고, 정밀한 관측과 계산을 통해 그 현상이 펄서 주위를 돌고 있는 행성 때문이라는 사실을 알아냈어요. 인류 역사상 처음으로 태양계 외부의 행성이 발견된 거죠.

펄서는 행성이 존재하기에는 적합하지 않다고 여겨져요. 초신성 폭발로 행성 궤도가 망가지거나 날아가 버릴 수 있거든요. 최초의 외계행성은 아주 예외적인 발견이었던 거죠. 펄서에서 행성이 발견된 것은 지금까지도 유일해요. 최초의 행성 발견은 곧 세계 천문학계에 큰 반향을 일으키며 외계행성 발견을 위한 연구에 불을 지폈답니다.

외계행성을 찾는 여러 가지 방법

1995년에 태양과 같은 평범한 별인 페르세우스자리 51번 별에서도 행성이 발견되었어요. 이 행성은 도플러 이동이라는 방법으로 찾았어요. 움직이는 물체에서 나오는 빛은 물체가 관측자 방향으로 다가가면 빛의 파장이 짧은 쪽으로 이동하는 청색 이동이 일어나고, 물체가 관측자에게서 멀어지면 빛의 파장이 긴 쪽으로 이동하는 적색 이동이 일어나요. 이것은 1842년 오스트리아의 물리학자 크리스티안 도플러가 발견했는데 오래전부터 별의 움직임을 연구하는 데 이용한 아주 중요한 방법이랍니다.

행성이 중심별 주변을 공전하면 행성의 영향으로 중심별도 미세하지만 회전을 해요. 이런 별을 관측하면 별이 우리 쪽으로 가까워질 때 파장이 짧아져 스펙트럼 흡수선이 파란색으로 이동하고, 별이 우리 반대쪽으로 멀

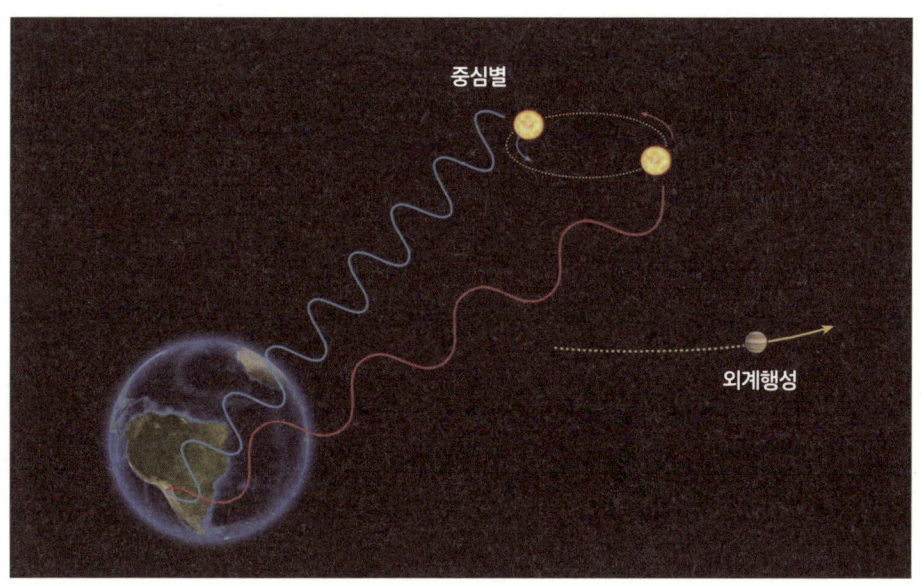

어질 때 파장이 길어져 스펙트럼 흡수선이 빨간색으로 이동하는 걸 볼 수 있겠죠? 이 변화는 행성의 공전 주기에 따라 주기적으로 일어나기 때문에 이 방법을 이용하면 중심별 주위를 도는 행성을 발견할 수 있어요.

도플러 이동은 질량이 크고 중심별에 가까이 있는 행성을 발견하는 데 유리해요. 이런 행성들이 중심별을 더 빠르게 많이 움직이게 하니까요. 중심별이 움직이는 속도를 이용해 행성의 질량을 구할 수도 있어요. 그래서 외계행성을 발견하는 초기에는 이 방법을 가장 많이 사용했어요. 이후 외계행성을 발견하는 일은 천문학에서 가장 인기 있는 주제가 되었죠.

외계행성을 찾는 또 다른 방법이 있어요. 행성이 공전할 때 중심별 앞을 지나가면 별빛을 가려서 별빛이 어두워지겠죠? 이걸 식현상이라고 하는데 별의 밝기 변화를 포착해 행성이 있는지 없는지, 있다면 얼마나 큰지 알아내는 거예요. 예를 들어, 목성의 지름은 태양의 10분의 1이니까 면적은 100분의 1이 되기 때문에 목성이 태양 앞을 지나가면 태양 빛을 100의 1만큼 가려요. 크기가 태양의 100분의 1인 지구는 태양 빛의 만분의 1을 가리게 되죠. 이렇게 빛이 어두워지는 정도를 이용해 행성의 크기를 알 수 있고 공전 주기를 이용하면 별에서 행성까지의 거리도 알아낼 수 있죠.

케플러 우주망원경은 바로 이 방법을 이용해 외계행성을 찾아냈어요. 프랑스 파리 천문대가 운영하는 '외계행성 백과사전' 웹사이트(http://exoplanet.eu)에는 2020년 4월까지 과학자들이 발견한 외계행성이 4200개가 넘었다고 밝혔어요. 외계행성을 이렇게 많이 발견하게 된 데에는 케플러 우주망원경의 역할이 아주 컸죠. 2009년에 발사되어 2018년 활동을 종료할 때까지 2662개의 외계행성을 발견했으니까요.

식현상은 몇 시간 정도밖에 진행되지 않기 때문에 관측 대상인 모든 별을 지속적으로 관측해야 해요. 그러기 위해서는 망원경이 관측하는 영역이 관측 기간 내내 가려져서는 안 되겠죠. 그래서 케플러 망원경은 지구의 주위를 도는 것이 아니라 태양의 주위를 돌았어요.

그리고 많은 별을 한 번에 관측하기 위해서 은하수가 있는 곳인 백조자리 근처를 관측했어요. 케플러 우주망원경은 하늘 전체를 뒤진 것이 아

니라 하늘에서 손바닥만 한 영역을 계속해서 살펴본 거예요. 그곳에서만 2662개의 외계행성을 발견했으니 외계행성은 정말 엄청나게 많다는 사실을 짐작할 수 있겠죠?

지구를 닮은 외계행성들

최근 들어 '제2의 지구 발견!'을 제목으로 달고 나오는 뉴스가 부쩍 늘었습니다. 엄청난 외계행성을 발견해 '행성 사냥꾼'이란 별명까지 얻은 케플러 우주망원경도 지구와 닮은 행성을 10여 개나 찾아냈죠. 그중 가장 주목받는 행성은 2015년에 발견된 외계행성 케플러 452b예요. 케플러 452b는 지구에서 약 1400광년 떨어진 곳에 있으며 태양과 아주 유사한 별 주위를 385일을 주기로 돌고 있어요. 크기는 지구의 1.6배로 좀 큰 편이죠. 이 행성은 생명체가 서식할 가능성이 있는 '서식 가능 지역'에 있어요.

행성이 중심별에서 너무 가까우면 생명체가 뜨거워서 못 살고, 너무 멀면 온도가 낮아 생명체가 살기 힘들어요. 또 액체 상태의 물이 존재해야 하니까 중심별과 너무 가깝지도 멀지도 않은 거리에 행성이 있어야 해요. 이 지역을 서식가능지역이라고 해요. 여기에 포함된 행성에는 실제로 어떤 형태로든 생명체가 존재할 가능성이 아주 높답니다.

행성의 이름은 별 이름 뒤에 가장 먼저 발견된 순서대로 알파벳 소문자를 b부터 붙여요. b부터 시작하는 이유는 a는 그 중심별을 가리키는 것으로 여기기 때문이에요. 하나의 별에서 여러 개의 행성이 동시에 발견된 경우에는 가장 가까이 있는 행성부터 붙여 나가요. 예를 들면 케플러-186f가 행성 이름이라면 케플러-186은 별의 이름이고 그 행성 안쪽에 케플러-186b, 186c, 186d, 186e가 있다는 것을 알 수 있죠.

케플러 우주망원경은 외계행성 발견에 큰 역할을 했고, 지금은 2018년 4월 18일에 발사된 테스 우주망원경이 뒤를 잇고 있어요. 생명체가 살 수 있는 외계행성은 앞으로 더 많이 발견될 거예요.

우리나라는 외계행성 발견의 강국

외계행성 발견에 우리나라는 아주 중요한 역할을 하고 있어요. 우리나라는 두 개의 별 주위를 도는 행성을 세계 최초로 발견한 외계행성 발견의 강국이랍니다. 그 행성에서는 해가 두 개 뜨겠죠? 우리나라는 KMTNet(한국외계행성탐색시스템)이라는 외계행성 발견 전용 망원경을 보유하고 있어요. 조선 시대로 떨어진 외계인과 한류 스타 배우의 로맨스를 그린 〈별에서 온 그대〉라는 드라마가 있었는데, 남자 주인공의 고향별이

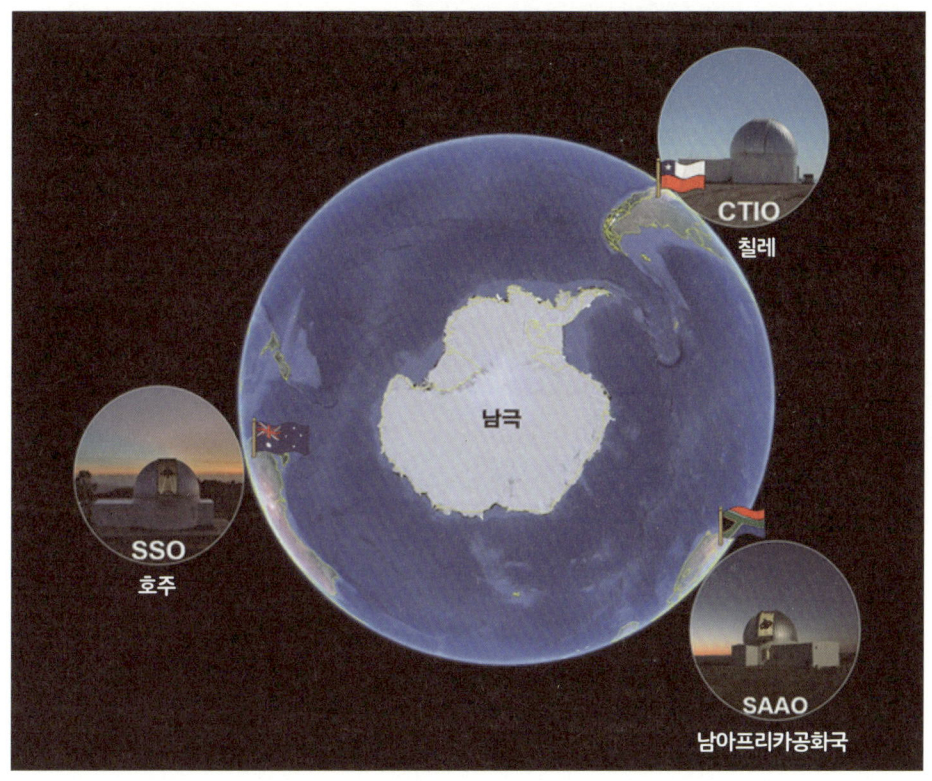

KMT184.05였답니다. 작가가 KMTNet에서 이름을 따왔다고 해요.

　KMTNet은 칠레, 호주, 남아프리카공화국에 구경 1.6m의 망원경 3대를 건설해 외계행성을 발견하는 망원경이에요. KMTNet은 미세중력렌즈 현상을 이용해서 외계행성을 찾아요.

　중력렌즈란 가까이 있는 별이나 은하의 중력 때문에 멀리 있는 별이나 은하가 왜곡되어 보이는 현상으로, 아인슈타인의 일반상대성이론이 적용

되는 현상이에요. 위의 그림에서 보듯 앞에 있는 은하 때문에 뒤에 있는 은하가 이상한 모양으로 보이는 현상이죠.

 미세중력렌즈는 은하가 아니라 별의 중력 때문에 일어나기 때문에 훨씬 작은 규모예요. 하지만 외계행성을 찾는 데에는 이 현상이 더 좋아요. 가까운 곳에 그냥 별만 있으면 밝기가 일정하게 변하지만, 그 별에 행성이 있으면 밝기가 복잡하게 변하기 때문에 행성이 있다는 것을 알아낼 수 있어요.

 미세중력렌즈 현상은 언제 어디서 나타날지 모르기 때문에 별이 많은 한 지역을 계속해서 관측하는 것이 중요해요. 그래서 KMTNet은 남반구에 있는 3대의 망원경으로 한 지역을 24시간 내내 관측하면서 외계행성을 찾고 있어요. 아마 앞으로 우리나라는 외계행성을 많이 발견하는 나라 중의 하나가 될 거예요.

외계행성을 찾는 일은 현재 천문학 분야에서 활발하게 이루어지고 있어요. 관측과 연구가 진행될수록 처음 외계행성을 찾기 시작할 때 예상했던 것보다 우주에는 행성이 아주 많다는 사실을 알게 되었죠. 지금 천문학자들은 우리 은하에만 지구와 비슷한 환경을 가진 외계행성이 1억 개가 넘을 것이라고 추정해요. 외계생명체를 직접 확인하지는 못하지만 적어도 외계생명체가 살 수 있는 장소는 얼마든지 있다는 사실을 확인했다고 할 수 있죠.

최근에는 외계행성 발견에 인공지능을 이용하고, 과학에 관심이 많은 시민이 참여해 함께 데이터를 분석하기도 해요. 2018년 미국의 유명한 시사 잡지인 『타임』은 '세계에서 가장 영향력 있는 인물 100인'에 외계행성을 연구하는 천문학자를 세 사람이나 포함시켰죠. 외계행성 중에는 두 개의 별을 돌고 있는 천체도 있어요. 태양이 두 개가 뜨고 지는 행성이죠. 태양이 세 개, 네 개인 행성도 속속 발견되고 있어요. 우리 지구인도 이 넓은 우주의 또 다른 외계생명체랍니다. 우리를 다른 별에서 바라보면 외계인으로 생각할 수 있죠. 이렇게 태양계와 다른 모습의 외계행성을 발견하면 발견할수록 우리는 우리가 속한 태양계를 더 잘 이해하게 됐어요. 먼 미래의 일이거나 우리 삶과 동떨어진 이야기인 줄로만 알았던 외계행성과 외계생명체는 과학의 이름으로 어느새 우리 곁에 성큼 다가와 있답니다.

쌍둥이 지구를 찾는 것은 왜 어려운가요?

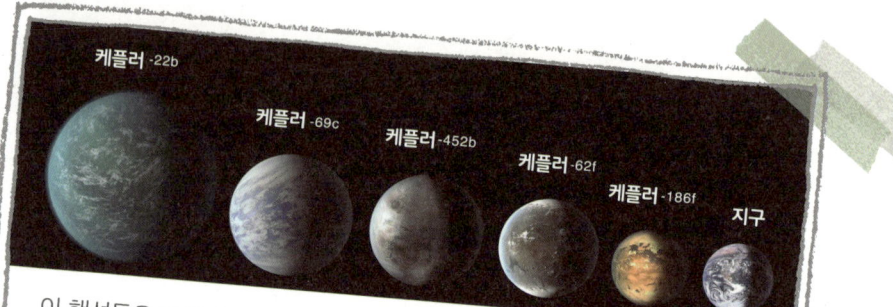

이 행성들은 과학자들이 찾은 지구와 비슷한 외계행성들이랍니다. 과학자들은 지구와 거의 환경이 같은 쌍둥이 지구, 제2의 지구를 찾고 싶어 해요. 태양과 비슷한 별 주위를 지구와 비슷한 거리에서 돌고 있고 질량도 지구와 비슷한 행성 말이에요.

이 아름다운 풍경은 지구와 비슷한 행성들에서 해 질 무렵 노을이 지는 모습을 과학적으로 추측해 그려낸 거예요. 너무나 머나먼 곳에 있지만 우리가 살아가는 지구와 아주 비슷한 모습이죠?

그런데 쌍둥이 지구를 찾는 일은 쉽지 않아요. 천문학자들은 행성이 별빛을 가리는 걸 보고 외계행성을 찾아내죠. 그런데 지구의 지름은 태양의 100분의 1밖에 되지 않기 때문에 태양 빛을 1만분의 1밖에 가리지 못하죠. 그래서 별의 밝기가 아주 조금밖에 변하지 않아서 찾기가 힘들답니다.

더구나 지구와 비슷한 거리만큼 별에서 떨어져 있다면 공전주기가 1년과 비슷할 거예요. 한번 별빛을 가린 다음 다시 별빛을 가리려면 1년이 걸린다는 말이에요. 행성인 것을 확인하려면 3번 정도 별빛을 가리는 것을 반복해서 관측해야 하는데, 쌍둥이 지구를 찾으려면 3년 이상 계속 관측해야 하기 때문에 찾기가 쉽지 않답니다.

8

외계지적생명체를 찾아 떠나는 과학 여행

찾기만 하지 말고 신호를 받아 볼까?

지구는 우주에서 특별한 곳이 아니에요. 생명체를 구성하는 재료는 우주 어디에나 있죠. 생명체가 살 수 있는 세계는 수백억, 수천억 개를 넘어 수조 개가 있을지도 모를 외계행성들처럼 우주에 얼마든지 있어요. 그렇다면 우리처럼 우주를 바라보며 "이 우주에 우리만 있을 리가 없다."라고 생각하는 지적생명체가 우주 어딘가에는 있을 가능성이 충분하겠죠?

하지만 우주는 너무나 넓어서 우리가 별 사이를 여행하는 것은 당분간 불가능해요. 우리보다 월등히 뛰어난 과학기술을 갖춘 외계생명체가 있더라도 우주여행은 그들에게도 역시 쉬운 일이 아닐 거예요. 그래서 과학자들은 외계지적생명체의 존재를 확인할 수 있는 다른 방법을 찾기 시작했어요.

제2차 세계대전 직후 전파를 이용하는 무선 통신이 급격히 발전했고, 동시에 우주에서 오는 전파를 관측하는 전파천문학이 새로 생기기 시작했죠.

전파망원경으로 우주를 관측하던 천문학자들은 '혹시 외계생명체도 전파를 통신 수단으로 사용한다면 우리가 그 신호를 잡을 수도 있지 않을까?'라고 생각했어요.

이런 생각은 1959년 미국의 천문학자 필립 모리슨과 이탈리아의 천문학자 주세페 코코니가 과학 잡지 『네이처』에 「성간 통신을 찾아서」라는 논문을 발표하면서 적극적으로 연구되기 시작했어요.

외계지적생명체가 어떤 신호를 보낸다고 해도 그것을 우리가 받는 것은 간단한 문제가 아니에요. '무엇을 관측할까?' '신호를 얼마 동안 받아야 할까?' '어떤 유형의 신호가 올까?' 생각해야 할 문제가 한두 가지가 아니에

요. 여러 가지 문제 중 가장 중요한 건 어떤 주파수의 신호를 받느냐예요.

외계지적생명체가 전파를 통신 수단으로 사용한다고 가정하더라도 정작 어떤 주파수를 사용하는지 우리가 알지 못하면 어떻게 되나요? 그럼 모든 영역의 주파수를 다 받아야 하는데 그건 불가능해요. 외계생명체가 외부로 신호를 보내도 정확한 주파수를 모르고 여기저기를 뒤지다 보면 신호를 놓치게 될 가능성이 너무 높겠죠.

모리슨과 코코니가 1959년 논문에서 검토한 것이 바로 이 부분이에요. 이들은 1420메가헤르츠를 외계지적생명체의 신호를 찾기 위한 최적의 전파라고 판단했어요. 왜일까요? 우주에 가장 많은 원소가 수소라고 했죠?

우주에 있는 수소 원자에서는 항상 파장이 21센티미터인 전파가 나와요. 이 파장이 주파수로는 1420메가헤르츠예요. 그래서 전파망원경이 가장 많이 수신하는 전파도 1420메가헤르츠에 맞춰져 있어요.

만일 외계지적생명체도 전파로 우주를 관측한다면 당연히 1420메가헤르츠를 관측할 테니까 이 주파수를 받는 수신기를 가지고 있을 테고, 이들도 외계에 다른 지적생명체가 있다면 이 주파수를 받는 수신기를 가지고 있을 거라고 생각하겠죠. 그러니까 이들이 외계로 신호를 보내려 하면 이 주파수를 선택할 가능성이 가장 높겠죠?

외계생명체를 찾는 천문학자의 방정식

이런 생각을 바탕으로 젊은 전파 천문학자인 프랭크 드레이크가 최초의

세티 프로젝트인 오즈마 프로젝트를 시도했어요. 오즈마는 동화 오즈의 마법사에 나오는 환상의 나라 오즈의 공주 이름이랍니다.

드레이크는 1960년 4월 11일 오전 6시에 태양과 비슷하면서 11~12광년 거리에 있는 타우-세티별과 엡실론-에리다니별 쪽을 향해 전파망원경을 맞추고 21센티미터 파장을 중심으로 전파를 받았어요. 이 전파 수신은 매일 6시간씩 7월까지 계속되어 모두 400시간 동안 이루어졌어요. 이때 받은 자료에서 외계 문명의 신호로 보이는 것은 발견되지 않았지만, 세티 프로젝트의 시작을 알리는 첫 번째 시도였다는 점에서 가치가 있어요.

드레이크는 우리 은하에 존재하면서 우리와 교신이 가능한 문명이 얼마나 있을지 계산하는 방정식을 만들었는데 이것을 '드레이크 방정식'이라고 해요. 각 항의 숫자에 따라 답이 천차만별로 달라지겠지만, 기술이 발전할수록 숫자들은 더 정확해지지 않을까요?

드레이크 방정식

$$N = N_* \times f_p \times f_h \times f_u \times f_i \times f_c \times T$$

여기서 각 항의 뜻은 다음과 같아요.

N_* : 우리 은하 안에 있는 별의 수

f_p : 그 별들이 행성을 가지고 있을 확률

f_h : 그 행성들 중에서 생명체가 살 수 있는 행성이 적어도 하나는 있을 확률

f_u : 생명체가 살 수 있는 그 행성에서 생명체가 나타날 확률

f_i : 행성에서 발생한 그 생명체가 지적생명체로 진화할 확률

f_c : 그 지적생명체가 통신이 가능한 문명을 발전시킬 확률

T : 그 문명이 존속할 수 있는 시간

지구의 소중함을 돌아보게 만드는 세티 프로젝트

세티 프로젝트는 1970년대에 많은 관심을 받아서, 1974년에는 세계에서 가장 큰 전파망원경인 아레시보 전파망원경으로 2만 5000광년 떨어진 곳에 있는 M13이라는 구상성단을 향해 우리가 만든 신호를 보냈어요. 신호를 기다리기만 한 게 아니라 우리도 우주에 신호를 보낸 거죠.

아레시보 전파망원경
푸에르토리코에 있는 전파망원경으로 지름이 3050미터나 돼요.

그리고 1972년에 발사된 우주 탐사선 파이어니어 10호에 천문학자 칼 세이건의 제안으로 외계로 보내는 정보가 담긴 금속판을 붙였어요. 이것을 더 발전시켜 1977년에 발사된 보이저 1호와 2호에 더 많은 정보를 담은 레코드를 실었죠. 지구인

구상성단
수십만~수백만 개의 별이 공 모양으로 모여 있는 성단이에요.

이 외계생명체에게 직접 보내는 메시지인 셈이에요. 보이저 1호는 2013년에 처음으로 태양계를 벗어난 우주 탐사선이 되었고 이 둘은 아직도 우주를 여행하고 있죠.

물론 이런 신호들을 외계생명체가 실제로 받을 가능성은 거의 없어요. M13은 2만 5000광년이나 떨어져 있어서 외계생명체가 있다 하더라도 2만 5000년 후에나 신호를 받을 수 있어요. 그런데 M13은 계속 움직이고 있기 때문에 우리가 보낸 신호가 도착하는 2만 5000년 후에는 그 위치에 있지도 않아요. 보이저 1호와 2호도 다른 어떤 별 근처까지라도 가려면 앞으로 수만 년은 걸려요.

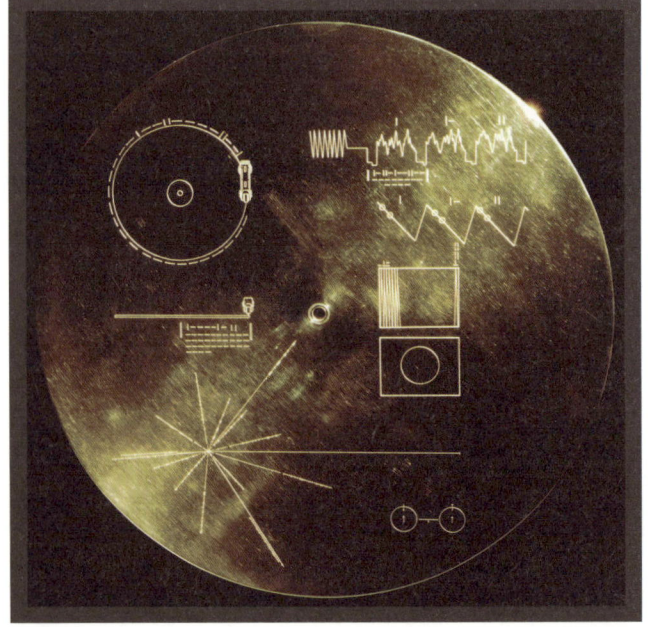

어쩌면 이런 신호는 외계생명체들이 아니라 우리 지구인들을 위한 것인지도 몰라요. 우주는 너무나 넓은 공간에 너무나 많은 별과 은하가 존재하지만, 별

과 별 사이가 이토록 멀어 누군가에게 닿기가 너무 어렵죠. 그런 우주에서 지구 밖 다른 생명체를 생각하는 마음은 사람들을 좀 더 겸손하게 만들고, 좀 더 단합하게 만들고, 좀 더 평화로운 지구, 인간이 덜 공격적인 모습으로 살아갈 수 있는 지구를 만드는 데 기여합니다. 칼 세이건은 세티 프로젝트를 주제로 『콘택트』라는 소설을 썼고 이야기는 영화로도 만들어져 세티는 일반 사람들에게도 많이 알려지게 되었어요.

미지의 세계로 우주 돛단배를 쏘아 올리다

세티 프로젝트는 1990년대에 잠시 나사의 공식적인 지원을 받기도 했지만 의회의 반대로 이후에는 대부분 민간 지원으로 이루어지고 있어요. 그중에서 가장 대표적인 곳은 세티 연구소예요. 세티 연구소는 전파망원경으로 얻은 많은 자료를 개인 컴퓨터를 사용하지 않는 시간에 처리하는

SETI@home을 개발해 전 세계 누구라도 참여할 수 있게 했죠.

　2000년대에는 빌 게이츠와 마이크로소프트를 공동 창업한 폴 알렌의 지원으로 지름 6.1미터의 전파망원경 42개를 건설해 세티 프로젝트가 크게 발전하게 되었어요. 이 전파망원경들은 알렌 망원경 배열이라고 불러요.

　최근에는 그 어느 때보다도 세티 프로젝트가 힘을 얻고 있어요. 바로 2015년에 설립된 브레이크스루 이니셔티브라는 재단 덕분이에요. 이 재단은 10년 이상의 장기적인 목표를 가지고 1백만 개의 별에서 인공적인 전파나 레이저 신호를 찾고 있죠.

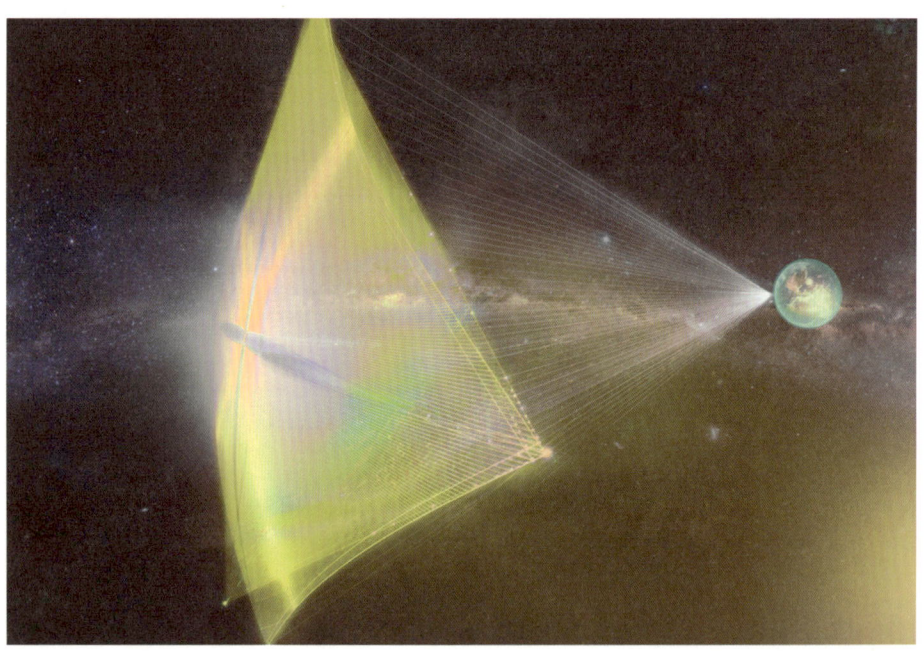

이 재단의 브레이크스루 스타샷은 훨씬 더 흥미로운 프로젝트예요. 이것은 스마트폰만 한 작은 우주선을 우주에 올린 다음 큰 돛을 펼치고 지구에서 강력한 레이저를 쏘아 빛의 속도의 5분의 1로 가속해서 가장 가까운 별로 보낸다는 계획이에요. 가장 가까운 별인 프록시마 센타우리까지는 약 4.2광년 거리니까 이 속도로 가면 약 20년 후에는 도착할 수 있어요. 지금까지의 무인 탐사선으로는 도저히 불가능했던 일을 가능하게 만들 수 있는 계획이죠. 마침 프록시마 센타우리에는 지구와 비슷한 행성도 있다는 사실도 밝혀져서 어쩌면 최초로 다른 별에 있는 생명체를 발견하게 될지도 몰라요. 이 프로젝트에는 2018년 세상을 떠난 스티븐 호킹을 비롯한 세계 최고의 과학자들이 참여하고 있어요. 이제 외계지적생명체를 찾는 일이 더 이상 SF나 상상의 영역이 아니라 과학자들이 직접 참여하는 현실적인 일이 되고 있습니다.

우리도 우주의 외계생명체 중 하나

과학적 탐구와 발견은 절대 한순간에 이루어지지 않아요. 천재 과학자 한 사람이 어느 날 갑자기 놀라운 발견을 해내는 일도 거의 없어요. 아무리 작은 발견이라도 수많은 과학자들의 엄청난 실패와 도전, 노력이 필요하죠. 특히 천문학은 오랫동안 축적된 자료와 지식을 바탕으로 끊임없이 관측하고, 더 정확하게 측정하기 위한 방법을 찾고, 계산하고 분석하고 또 분석하면서 여기까지 왔답니다. 그렇게 얻어 낸 과학 지식을 바탕으로 우주를 바라보면, 우주에는 정말 많은 세계가 있어요. 지구는 우주에서 특별한 곳이 아니기 때문에 우주 어딘가에는 분명 외계생명체가 존재할 거라는 답을 찾을 수 있죠. 그중에는 우리와 통신할 수 있는 지적생명체도 분명히 있을 테고요. 그게 언제일지는 모르지만 아마도 멀지 않은 미래에 지구 밖 어딘가에서 외계생명체의 존재를 확인하는 날이 분명히 올 거예요.

외계생명체를 찾는 일은 우리 지구생명체를 더 열심히 탐구하게 만들어 줬죠. 외계 문명에 보낼 메시지를 만들면서 우리 문명을 돌아보고 반성했고요. 그래서 외계인을 찾은 일은 동시에 우리 지구인이 누구인지에 대한 답을 찾는 일이랍니다.

자, 외계생명체를 찾아 떠나 온 과학 여행이 어땠나요? 미지의 세계로 떠나는 모험은 늘 짜릿한 법이죠. 외계생명체와 소통하고 싶나요? 앞으로 과학이 여러분에게 더 많은 답을 알려 줄 거예요. 여러분의 여행이 도전과 모험으로 가득하길 응원합니다.

사진 저작권

6쪽	창백한 푸른 점	Ⓢ NASA
21쪽	우리 은하 그림	Ⓢ R. Hurt (SSC), JPL-Caltech, APOD, NASA
23쪽	허블 익스트림 딥 필드	Ⓢ NASA
28쪽	게자리 성운 초신성 폭발의 잔해	Ⓢ NASA, ESA, J. Hester (Arizona State University)
34쪽	태양계 밖 행성계를 상상한 그림	Ⓢ NASA
46쪽	목성의 위성 유로파의 물기둥 상상도	Ⓢ NASA, Goddard Space Flight Center
48쪽	암석 위의 지의류	Ⓒ University of Pretoria
49쪽	우주생물학자들의 아타카마 사막 탐사	Ⓢ NASA, Ames Research Center, Dominic Hart
52쪽	살아 있는 물곰 사진	ⓘ Schokraie E, Warnken U, Hotz-Wagenblatt A, Grohme MA, Hengherr S
53쪽	전자현미경으로 관찰한 물곰의 모습	ⓒⓒ Nicole Ottawa & Oliver Meckes
	케플러 우주 망원경이 지금까지 발견한 행성을 묘사한 그림	Ⓒ NASA/W. Stenzel
59쪽	트라피스트-F1 행성의 표면을 상상한 그림	Ⓢ NASA/JPL-Caltech
62쪽	우주의 탄소 분자들 상상도	Ⓢ NASA, NOAO, ESA, STScI, NRAO
91쪽	화성 사진	Ⓢ NASA / JPL / USGS
92쪽	퍼시벌 로웰이 묘사한 화성 운하	Ⓢ Percival Lowell
96쪽	화성 조약돌	Ⓢ NASA/JPL-Caltech/MSSS
101쪽	화성 인사이트호 착륙	Ⓢ NASA/JPL-Caltech
102쪽	물이 있었던 화성의 옛 모습을 복원한 그림	Ⓢ NASA/GSFC
103쪽	별과 가까이 있는 외계행성이 행성 표면에 생명을 보호할 수 있는 자기장을 가지는 모습	Ⓢ NASA
109쪽	도플러 이동	Ⓒ ESO
111쪽	케플러 우주 망원경	Ⓢ NASA/JPL-Caltech
115쪽	한국천문연구원에서 남반구 3개의 관측소에 망원경 및 관측돔을 설치한 그림	Ⓒ 한국천문연구원
116쪽	중력 렌즈	Ⓢ NASA/ESA
120쪽	지구와 비슷한 행성들의 이미지	Ⓢ NASA/Ames/JPL-Caltech
121쪽	태양과 비슷한 별 앞을 지나가는 지구 크기의 행성	Ⓢ NASA/ESA/J. de Wit (MIT)/G. Bacon (STScI)
130쪽	보이저호 금제 은반	Ⓢ NASA/JPL
132쪽	브레이크스루 스타샷	Ⓒ breakthroughinitiatives